U0076729

親子遊

東京 & 東京近郊

TOKYO

人人出版

TOKYO
contents
目錄

tips

埼玉縣

東京都

吉祥寺 p.

吉卜力美術館 ●
p.132

八王子站

● 多摩動物公園
p.96

● 高尾山 p.130

三麗鷗 ●
彩虹樂園 p.12

神

親子遊東京&東京近郊索引地圖

埼玉縣

茨城縣

● 大宮鐵道博物館 p.48

房總之村 p.110 ●

東京都

■ 成田國際機場

山梨縣

● 富士急樂園 p.128

神奈川縣

千葉縣

● 八景島海島樂園 p.126

新江之島水族館 p.94 ●

● 江之電 p.118

江之島 p.116

靜岡縣

陽光城
├─ 2F NAMJA TOWN p.22
├─ 3F J-WORLD TOKYO p.10
所 屋頂 陽光水族館p.102
上野動物園 p.92
阿美橫丁 p.54
合羽橋道具街 p.70
淺草 p.58
淺草花屋敷 p.18

東北・上越・光欄線新盆器

池袋站

總武線

東京晴空塔 p.30
東京晴空街道 p.76
墨田水族館＆柯尼卡
美能達天文館"天望"
p.106

中央線

日本百貨店食品館p.74
秋葉原p.64
新宿站
新東京巨蛋城
樂園p.16
秋葉原站
東京站

上野站

江戶東京
博物館 p.108

千葉縣

東京都廳瞭望室 p.38
新宿御苑 p.112

新宿p.62

水上巴士（隅田川）
p.40

東京動漫人物街 p.72

地下鐵博物館
p.50

NHK放送主題園區 p.14
東急HANDS澀谷店p.86
澀谷 p.56

表參道・原宿 p.60
澀谷站

月島文字燒街 p.82

荒川

葛西臨海
水族園 p.98

東京鐵塔
p.38

築地場外市場 p.84

東京狄克斯海濱
├─ 3F 東京JOYPOLIS p.24
├─ 4F 台場怪奇學校 p.28
MEGA WEB p.42
日本科學未來館 p.104
大江戶溫泉物語 p.20

東京迪士尼
度假區 p.120

品川站

山手線

自由之丘 p.66

隅田川

崎市
子・F・不二雄
館 p.124

縣

品川水族館
p.100

東海道新幹線

東京羽田國際機場 ■

川崎站

東海道本線

多摩川

新橫濱拉麵
博物館 p.80

新橫濱站

東京灣

橫濱站

原鐵道模型博物館 p.46
合味道紀念館 p.78
橫濱海上巴士 p.44
橫濱
地標塔
p.34
橫濱海洋塔・冰川丸 p.36

橫濱麵包超人
博物館 p.122

N

0   5km

東京的傳統儀式

東京在西元 1603 年以江戶一名開城，至今已有 400 年以上的歷史。這座城市傳承了許多傳統儀式，至今仍生生不息。以下介紹保留至東京現今的四季節慶活動。

冬

12 月 15、16 日　世田谷舊貨市場
（世田谷區・上町一帶）
擁有 400 年傳統的市集，有二手衣、骨董品、生活雜貨、農產品、加工食品、小吃等等的攤販。西曆新年後的 1 月 15、16 日也會舉行。

1 月 1 日新　初詣
（澀谷區・明治神宮等，或離住家最近的寺社）
迎接新年後第一次到神社、寺院參拜，祈求一整年的平安。到正月 3 日為止，會約有將近 300 萬人至明治神宮及淺草寺參拜。

2 月 3 日　節分（台東區・淺草寺等）
在立春的前一天，一邊喊著「福往內，鬼往外」，一邊撒豆子祛除惡運。通常是家家戶戶各自進行，但在神社、寺院也會聚集參拜者舉行撒豆子的活動。

春

3 月第 2 週日　高尾山過火祭
（八王子市・藥王院）
該儀式為高尾山藥王院的修驗道之一，引燃大火祛除災厄後，祈求心想事成的同時，從燃燒的炭火上走過。一般人也可以參加。

5 月中旬　神田祭
（千代田區・神田明神）
將近 100 座的神轎在街道上遊行的「神輿渡御」，以及神轎齊聚於神社的「神輿宮入」，壯觀的景象吸引眾多觀光客前來。「神田祭」與「例大祭」為每年輪流舉行，神田祭是在西元年的奇數年舉行。

夏

7 月 9 ～ 10 日　酸漿果市（台東區・淺草寺）
據說在 7 月 10 日到淺草寺參拜觀音的話，可以得到與參拜四萬六千天相同的保祐，因此這天會聚集大批香客。配合這天也會舉行酸漿果市，是非常受歡迎的「夏季風情」之一。

8 月 15 日前後　週日深川八幡祭（江東區・富岡八幡宮）
富岡八幡宮的定期祭典。在每 3 年舉行 1 次（下次為 2017 年）的「本祭」時，50 餘座大神轎一起聯合遊街，震撼力十足的景象是這個祭典所獨有的。特定年度外是以二之宮的「黃金神轎」遊街。沿途的觀眾會向抬轎手潑撒淨身水，因此又名「潑水祭」。

秋

11 月西之日　西之市
（台東區・鷲神社）
在 11 月的第一個酉之日舉行的祭典，各地與鳥相關的神社都會舉行，其中以鷲神社的規模最為盛大。有攤商販售據說可聚財的吉祥物「熊手（耙子）」，非常熱鬧。

©TCVB
世田谷舊貨市場

淺草寺初詣

神田祭

©TCVB
©TCVB

右上↗酸漿果市
右→西之市

東京活動指南

在東京都內及周邊，一年四季都會舉行各式各樣的活動。
本書從中挑選出規模較大、較易前往的熱門活動為您作介紹。

1月6日　消防出初式
（中央區・TOKYO BIG SIGHT）
源於江戶時代時在江戶街頭負責防火、消防的人員「火消」。有模仿江戶時代火消們的爬梯表演，以及最新型消防車同時灑水等演出，值得一看。

2月中旬　東京馬拉松
（新宿區・東京都廳前～中央區・TOKYO BIG SIGHT）
奔跑在東京都心的市民參加型大規模馬拉松，會從申請者中抽選出 36500 位參賽者。沿途有將近 200 萬人次前來加油助陣。

5月下旬　東京港祭
（中央區・晴海埠頭）
以東京港為主題的海洋活動。在晴海的客船碼頭附近海面上，還會舉行消防艇實際噴水的表演。

7月最終週六　隅田川煙火大會
（隅田區・櫻橋／駒形橋）
始於江戶時代，極具傳統的煙火大會。兩個會場分別位在隅田川的櫻橋下游及駒形橋下游，施放共計 2 萬發的煙火。聚集將近 100 萬名遊客。

8月中旬　神宮外苑煙火大會
（澀谷區・神宮外苑）
與隅田川煙火大會齊名的東京都心煙火大會。還會有當紅歌手及樂團的舞台表演。施放共計 1 萬發的煙火。

8月最終週六、日　高円寺阿波舞
（杉並區・高円寺）
參加者跟著稱為「連」的各團體，一邊跳舞一邊遊行的夏季祭典。據說會有約 150 個連、約 1 萬人一起跳舞。阿波舞原本是四國德島縣的傳統藝能。

8月最終週六、日
原宿表參道元氣祭 SUPER YOSAKOI
（澀谷區・表參道）
包含「YOSAKOI（夜來祭）」的發源地──四國高知縣在內，有來自全日本近 100 個隊伍參加，表演 YOSAKOI 舞蹈。吸引近 100 萬名遊客。

9月第 3 週六、日
東京電玩展
（千葉縣・幕張 Messe）
可了解 PC 遊戲、手機遊戲、社群網頁遊戲等最新的電玩動向。入場者的 COSPLAY 也很精采。

10 月最終週日
表參道萬聖南瓜大遊行
（澀谷・表參道）
最近人氣持續攀升的活動，聚集不少精心打扮變裝的人們。萬聖節變裝活動在各地皆會舉行，但在表參道是以小朋友為主角。

12 月各地的聖誕節燈飾（參照 26 頁）

上↑東京馬拉松
中上↗消防初出式
右上↗隅田川煙火大會

右→高円寺阿波舞
左←表參道 YOSAKOI

©TCVB

東京花曆（其1）

❋ **梅花**　2月上旬～3月上旬
湯島天滿宮──江戶時代起便是為人熟知的賞梅勝地，俗稱湯島天神。（🚃 地鐵湯島站步行2分）
池上梅園──丘陵地的斜坡上盛開著白梅、紅梅等370株的梅花，花香四溢。（🚃 地鐵西馬込站步行10分）

❋ **油菜花**　3月下旬～4月上旬
濱離宮恩賜庭園──以都心的大廈群為背景，30萬株的油菜花爭相綻放。（🚃 地鐵築地市場站、汐留站步行7分）

❋ **櫻花**　3月下旬～4月上旬
上野恩賜公園──江戶時代起就是著名的賞花勝地。花季期間到夜晚都很熱鬧。（🚃 JR、地鐵上野站即到）
隅田公園──在隅田川的吾妻橋到櫻橋之間約1km，有1000株櫻花盛開。從船上所見的景色也很迷人。（🚃 地鐵淺草站步行5分）
千鳥淵公園──沿著皇居護城河綻放的櫻花十分美麗。在護城河上乘船賞花、遊玩也很有趣。（🚃 地鐵九段下站、半藏門站即到）
目黑川──兩岸櫻花搭起的拱頂，就像覆蓋住目黑川一樣，美不勝收。（🚃 地鐵日比谷線、東急線中目黑站步行2分）

❋ **杜鵑花**　4月上旬～5月上旬
根津神社──在2000坪的杜鵑花苑中，有50種共3000株的杜鵑花同時綻放。（🚃 地鐵根津站、千馱木站、東大前站步行5分）
西澤杜鵑園──在植栽店的廣大庭園中，有100種共2萬株的杜鵑花盛開。植栽均是商品，因此也可直接購買。（🚃 京王線千歲烏山站步行10分）

❋ **牡丹**　4月中旬～5月上旬
町田牡丹園──位於東京郊外町田市的丘陵地帶。有300種、1700株的牡丹陸續地開花。（🚃 JR、小田急線町田站搭巴士15分，於藥師ヶ丘下車步行7分）

❋ **紫藤花**　4月下旬～5月上旬
龜戶天神──在神社境內有15座紫藤花棚，共100株紫藤花一起盛開。（🚃 JR龜戶站、錦糸町站步行15分）

池上梅園

千鳥淵公園櫻

遊樂園 TOKYO

J-WORLD TOKYO

盡情體驗 JUMP 的世界！

東京地鐵有樂町東池袋 4 丁目站步行 4 分、JR／東京地鐵丸之內線、東京地鐵副都心線、西武池袋線、東武東上線池袋站 3 號出口步行 8 分。

入口。設有大型螢幕，讓人興奮得心臟怦怦跳

和「JUMP」的主角們同樂

©B/S・F・T
「J-WORLD KITCHEN」分量十足的漢堡

「J-WORLD KITCHEN」上頭放了魯夫草帽形狀麵包的湯品
©O/S・F・T

©K S/S・T・P
「J-WORLD KITCHEN」重現了鳴人最喜歡的一樂拉麵

可以盡情暢遊在「JUMP」作品世界的主題樂園，它就位在池袋陽光城的大樓中，因此無論春夏秋冬，即使是雨天也能安心遊玩。

樂園內依「航海王」、「七龍珠」、「火影忍者」等作品各自劃分區域。在「航海王」區裡，在「度假島」享受假期的草帽小子一夥人正等著你的到來。在「七龍珠」區，可搭乘「賽亞人的太空船」，或在「天下第一武道會」的會場與悟空面對面。而「火影忍者」區則可在「木葉忍者村」裡挑戰忍術的修行。

體驗型的遊樂設施也很豐富，如可體驗「航海王」世界的搭乘型設施「士兵船塢大冒險」，以及可感受冒險氣氛的「喬巴任務」、好玩的「白木馬旋轉木馬」；化身忍者突破重重難關的火影忍者「激鬥！忍界大戰繪卷!!」；與悟空一起擊出龜派氣功的七龍珠「發射吧！龜派氣功!!」，以及收集龍珠來召喚神龍的「抓住！七龍珠!!」等。

雖然遊樂設施各有年齡及身高的限制，但都是 4 歲以上的小朋友也可開心且安全地玩樂的設施。如果玩累了，就前往備有美食及甜點的 J-WORLD KITCHEN 吧！餐廳是美食街的形式，每樣餐點都是以 JUMP 的作品中出現過的角色為題材。是漫畫迷的話一定會非常開心。最後別忘記順道去伴手禮賣場的 J-WORLD STORE，售有不少只在 J-WORLD 才買得到的周邊商品及點心。不妨來找找旅行的紀念品和伴手禮吧！

©B/S・F・T
「七龍珠」區。紀念照拍攝區最受歡迎

©B/S・F・T
在「發射吧！龜派氣功!!」擺個招牌動作

在「航海王」區可以射擊獅吼炮

「航海王」區的白木馬旋轉木馬。音樂也是亮點之一

「航海王」區的士兵船塢大冒險，是 360 度旋轉的遊樂設施

「航海王」的喬巴任務。把喬巴裝在背包裡出發

在「火影忍者」區挑戰忍者的修行

「火影忍者」區域的「激鬥！忍界大戰繪卷!!」。參與忍者的戰鬥，一邊遊戲前進

📍 豐島區東池袋 3 丁目　太陽城 World Import Mart 大樓 3F

📞 03-5950-2181

🕐 10:00 ～ 22:00（21:00 截止入園），全年無休。

💴 成人 800 日圓、兒童（4 歲～中學生）600 日圓，通用券（入場券＋遊樂設施）成人 2600 日圓、兒童 2400 日圓，晚間通票（17 時後銷售的通用券）成人 1800 日圓、兒童 1600 日圓。可使用信用卡（僅限門票、紀念品店），不接受銀聯卡。

🌐 http://www.namco.co.jp/tp/j-world/

🔊 外語對應服務人員—— ✓ 中文　✓ 英文
外語對應官網—— ✓ 中文繁體字　✓ 中文簡體字　✓ 英文
外語對應導覽手冊—— ✓ 中文繁體字　✓ 中文簡體字　✓ 英文

看地圖行動條碼

💚 給台灣遊客的訊息——
請盡情享受只有這裡才能體驗到的美食及遊樂設施、拍照景點！

三麗鷗彩虹樂園

日 サンリオピューロランド
英 Sanrio Puroland（Hello Kittyland Tokyo）

🚃 京王相模原線、小田急多摩線、多摩單軌的多摩中心站步行5分

和 Hello Kitty 相見歡！

可以和 Kitty 及多位三麗鷗卡通明星渡過夢幻的一整天的娛樂設施

歡迎來到三麗鷗彩虹樂園

上／入口位在3樓，有親切的服務人員接應
下／位於1樓中央的智慧樹

從多摩中心站沿著平緩的坡道步行前進，遇到十字路口後左轉，就能看見三麗鷗彩虹樂園了。在這座全天候型的巨大設施中，是一個夢幻般的奇妙世界。從入口（其實是3樓）進場後走下大樓梯，是1樓的PURO村莊。在中央的智慧樹小舞台則有蛋黃哥劇場及「Miracllusion ★ Happiness」等熱門表演。附近還有上演「Hello Kitty 夢遊仙境」的夢幻劇場等，劇場型的遊樂設施都集中在這裡。而人氣的大遊行也為紀念25週年全新改版，大受好評。建議依照各場表演的時間來排定行程。

進入大螢幕的下方則可前往SANRIO TOWN。十分推薦如1樓的美樂蒂之路的兜風遊，以及2樓的Kitty女士之家等可享受人氣卡通明星世界的體驗型遊樂設施。

另外還有剪紙藝術、人像素描等娛樂活動，以及介紹點心、果汁作法的Mini Factory & Mini Plant等項目也相當有趣。而一整年中

SANRIO CHARACTERHILLS 可愛的角色們

的特別活動也很豐富，在萬聖節、聖誕節等節日時前來，都可以感受到與平常不一樣的氣氛。用餐的話，不妨前往4樓可大啖自助百匯的"館"餐廳，或是1樓的卡通特色食品區。前者還有卡通明星的小型現場表演，後者則有採用卡通明星造型的餐點，鐵定讓人興奮不已。

商店則共有大小5處，最大的入口商店擺滿豐富的必買伴手禮。在回家時購買紀念商品，一整天下來開心的充實感讓心靈更加滿足。

在蛋黃哥的培根蛋餐盤上一起拍張紀念照　不要忘了最後在 Kitty 女士之家來張紀念照

美樂蒂之路的兜風遊。在美樂蒂與酷洛咪的世界中緩慢旋轉的乘坐型遊樂設施

左←～Kiki&Lala～閃亮之旅，一起成為夢幻的一員

右→在奇幻的氣氛環繞下，幸福破表的大遊行

卡通特色食品區。有許多多多只在彩虹樂園才吃得到的可愛美食

在入口商店將今天的回憶投射在紀念品上

熱門的卡通明星便當 1250 日圓

📍 東京都多摩市落合 1-31

📞 042-339-1111

🕐 10:00 ～ 17:00（週六日、假日及春假、暑假、寒假時會延長時間，詳情請參照官網的營業日程）。不定休（詳情請參照官網的營業日程）。

💰 18 歲以上平日 3300 日圓、假日 3800 日圓、3 ～ 17 歲平日 2500 日圓、假日 2700 日圓、2 歲以下免費。繁體中文版官網上有折扣券。另外，館內銷售人氣遊樂設施的免排隊彩虹快速券（1 次 500 日圓～）。信用卡包括銀聯卡皆可使用。

🌐 http://www.puroland.jp

🔊 外語對應服務人員──☑中文　☑英文

外語對應官網──☑中文繁體字　☑中文簡體字　☑英文

外語對應導覽手冊──☑中文繁體字　☑中文簡體字　☑英文

📶 ☑Wi-Fi

看地圖行動條碼

◎ 給台灣遊客的訊息──這裡是夏天涼快、冬天溫暖的全天候型主題樂園，來東京時請一定要來玩！

◎ 其他注意事項──有育嬰室、多功能洗手間（各樓層 1 間）。輪椅可進場。

©2017 SANRIO Co., LTD

NHK 放送主題園區

日 NHK スタジオパーク

英 NHK STUDIO PARK

JR 山手線澀谷站八公口、原宿站表參道口步行 12 分。東京地鐵千代田線代代木公園站 2 號出口、明治神宮站 1 號出口步行 12 分

體驗講中文當主播
有動畫等多樣單元，
小孩大人都能玩得盡興

NHK 的吉祥物「Domo-kun」

所謂 NHK，是取自日本放送協會（Nippon Hoso Kyokai）羅馬拼音字首的略稱，是肩負日本的公共放映事業的特殊法人。NHK STUDIO PARK 是個與傳播相關的主題樂園，有節目製作的幕後模樣，以及用最新技術播放的影片等十分講究的展示和活動，還可以參觀現場直播的「攝影棚紀實」（週一至週五 13 時 5 分至 13 時 50 分）等錄影。

入口處的大型螢幕相當吸睛。這就是以 NHK 為中心正在進行研究開發的超高精細影像系統——8K 超高清晰影像。充滿臨場感的立體音響，讓人體驗到次世代的新型電視。而在入口大廳還會有 NHK 吉祥物迎接訪客的「Welcome Greeting」（舉行時間和角色等為當天公布）。每次活動約 30 分鐘，除了人潮眾多的時候，都可以和吉祥物拍照留念。

參觀路線是依照號碼前進。在「媒體牆」中，可以找到 NHK 播放過的歷代節目。在「NHK 世界」中，因為這裡是將日本的新聞及文化傳遞至全世界，所以能看到正以各國語言收錄的廣播錄音室。途中還有體驗區。在「動畫工廠」裡可以配合卡通，挑戰台詞的配音。而在「STUDIO PARK NEWS」中，則可

左←源自電視節目中充滿科學奧妙的「問號房間」
右→化身為配音員體驗配音的「動畫工廠」

可進入影片當中唱唱跳跳的「兒童世界」

選擇館內備好的動畫來製作原創影片的「創意研究室」

體驗當個新聞主播的「STUDIO PARK NEWS」

網羅 NHK 新舊電視劇的「電視劇展示所」

可體驗自然節目拍攝技術的「大自然攝影師」

在入口處就看得到！巨大的「8K 超高清晰影像」

NHK 的外觀。STUDIO PARK 的入口就在前方

設有飲料自動販賣機的休息空間「Domo-kun 廣場」

從新聞主播、記者、攝影師、氣象主播當中選擇自己喜歡的角色，嘗試主播念新聞稿的感覺。這裡也準備了中文新聞稿，因此台灣的遊客也可以試著當個主播。

在「電視劇展示所」，展示了在日本有著高收視率的人氣「連續電視小說」（每半年換檔的晨間 15 分鐘劇集）與「大河劇」（為期 1 年的時代劇）的小道具及美術佈景，也陳列了演員們的照片及簽名。如果想購買 NHK 吉祥物的商品，就請到 STUDIO 商店。最受歡迎的是「Domo-kun」：毛巾（324 日圓～）、布偶（1382 日圓～）、T 恤（1944 日圓～）等價格實惠。

從 366 個日期中自由選擇搭配的「Domo-kun 紀念手機繩」（500 日圓）

🏠 東京都涉谷區神南 2-2-1

📞 03-3485-8034

🕐 10:00 ～ 18:00（最後入館 17:30）、商店為 10:00 ～ 18:30、咖啡廳為 11:30 ～ 18:30（最後點餐時間 18:00）。第 4 週一為公休日（逢假日則翌日休）。

💴 成人 200 日圓、高中生以下未滿 18 歲及 65 歲以上免費。不接受信用卡。

🌐 http://www.puroland.jp

🔊 外語對應服務人員── ✔ 中文 ✔ 英文
外語對應官網── ✔ 中文繁體字 ✔ 中文簡體字 ✔ 英文
外語對應導覽手冊── ✔ 中文繁體字 ✔ 中文簡體字 ✔ 英文

看地圖行動條碼

◑ 其他注意事項──有哺乳室

東京巨蛋城樂園

日 ドームシティアトラクションズ

英 TOKYO DOME CITY ATTRACTIONS

JR 中央線水道橋站東口步行 4 分。都營地下鐵三田線水道橋站 A5 出口即到。東京地鐵丸之內線、南北線後樂園站 2 出口步行 4 分。都營地下鐵大江戶線春日站 A1 出口步行 4 分。

不住宿的入浴設施「SPA LaQua」

大人小孩都愛的遊樂園

遊樂設施之外，還有天然溫泉及充實的運動設施、商店等

東京巨蛋城內有室內棒球場東京巨蛋和 43 層樓高的飯店等，這裡是位於其中的都市型遊樂園。遊樂設施從刺激類到日本遊樂園必有的旋轉木馬等共 20 種以上，不論情侶或家人同遊都可以玩得盡興。其中最推薦的是可以從離地 80m 的高度眺望東京景色、直徑 60m 的世界首座環型（無軸心）的大摩天輪 Big-O。而從高度 80m 以最高時速 130 km迅速貫穿 Big-O 中間的 Thunder Dolphin，是刺激度滿分的雲霄飛車。Wonder Drop 隨著竹林間緩慢的流水享受水與綠意的優雅世界，最後竟從 13m 高朝水面俯衝而下，是刺激五官感受的滑水道設施。而適合小朋友的設施則有垂直下降的兒童版自由落體 Kids Hacker，以及咖啡杯 Pixie Cup——在坐穩後會先錄音，開始旋轉時即開始播放，錄音依照旋轉的速度播放，可快可慢，非常特別。各項遊樂設施皆有年齡及身高的限制。

在遊樂園盡情玩樂之後，可以到東京巨蛋城湧出的天然溫泉 SPA LaQua 消除疲勞。除了大浴場，還備有露天浴池、座湯（限女性）、足湯（限女性）、各種三溫暖。館內氣氛佳，露天浴池充滿日本風情。在遊樂設施區與 LaQua 區有很多餐飲店及商店，在黃色大樓中還有宇宙博物館 TeNQ、保齡球中心、滑輪溜冰場等設施。

以時速 130 km貫穿摩天輪的「Thunder Dolphin」

「Thunder Dolphin」（左）與「Big-O」

從 13m 高躍進水裡的「Wonder Drop」

上昇至離地 60m 的高度再下降的「Sky Flower」

坐著左右迴轉的「Bun Bun Bee」

從地面噴出水柱的「Magical Mist」

有如南國度假勝地的 SPA LaQua 休息區「Healing Baden」

大塊岩石打造的 SPA LaQua 女性用露天浴池

在園內還有很多好玩的遊樂設施

SPA LaQua 中架設了女用涼亭的露天浴池

SPA LaQua 的男性用露天浴池

📍 東京都文京區後樂 1-3-61

📞 03-5800-9999

🕐 10:00 ～ 21:00（視時期有所變動。詳情請見官網）。
LaQua 為 11:00 ～翌日早上 9:00。無公休日。

💴 入園免費。遊樂設施為付費制，有 1 Day Pass（1 天內無限次搭乘設施）成人（18 歲以上）3900 日圓、青少年（國、高中生、12 ～ 17 歲）；60 歲以上 3400 日圓、兒童（小學生）；6 ～ 11 歲 2100 日圓、幼兒（3 ～ 5 歲）1300 日圓。Night Pass（17:00 起）成人 2900 日圓、青少年；60 歲以上 2400 日圓。Ride 5（5 次遊樂設施）2600 日圓（3 歲起）。1 次券 420 日圓～。SPA LaQua 為成人（18 歲以上）2634 日圓、兒童（小學生以上）1836 日圓、小學生以下不可入館。部份接受信用卡，部份接受銀聯卡。

🌐 http://at-raku.com

🔊 語對應官網——✓ 英文
外語對應導覽手冊——✓ 中文繁體字　✓ 英文

📶 ✓ Wi-Fi

💚 給台灣遊客的訊息——遊客感到滿意的遊樂設施，玩累了請來泡泡溫泉，悠閒地放鬆一下。

💚 其他註記事項——有哺乳室。

看地圖行動條碼

17

淺草
花屋敷

日 淺草花やしき

英 ASAKUSA
HANAYASHIKI

東京地鐵銀座線淺
草站1出口步行5
分。都營地下鐵淺
草線淺草站A4出
口步行5分。東武
晴空塔淺草站正面
出口步行5分。
TSUKUBA EXPRESS
淺草站步行3分。

花園、動物園，再到遊樂園
刻劃 160 年以上歷史

位於充滿日本風情的淺草寺附近的入園口「淺草門」

規模小巧、日本最古老的遊樂園

在江戶末期的 1853 年，由園藝師森田六三郎在淺草寺以西打造了一座以牡丹和菊細工為主的花園——「花屋敷」為肇始。進入明治時代後開始設置遊樂器材，另外還飼養了珍禽、野獸，以及山雀的表演等大受好評。在 1923 年時有全世界少見的五胞胎老虎，在 1931 年時有獅子誕生，在當時這裡是知名的動物園。

名稱從「花屋敷」更改為「淺草花屋敷」是在 1949 年的時候。這個時候有小火車、游泳池、連環畫劇、旋轉船，以及現在仍保留在園內的最古老設樂施「驚奇屋（ビックリハウス）」，建立了遊樂園的雛型。「驚奇屋」是進入建築物坐下來後會有整間房子在旋轉的錯覺，很不可思議的遊樂設施。

而從 1953 年起奔馳在園內的「Roller Coaster」，是日本現存最古老的雲霄飛車。最高時速是 42km，以現代的雲霄飛車來說是非常慢的。在 1960 年時，以淺草最高建築物稱號登場的是「人工衛星塔」。這座設施現在高度增加到 45m，並改名為「Bee 塔」，已成為花屋敷的地標。1969 年再增加日本遊樂園必備的旋轉木馬。

遊樂設施現在有 21 座，其中直接升到 60m 高再急速下降的「Space Shot」，是花屋敷史上最快速的刺激設施。而在 2015 年登場的是以木頭搭建的 3 層樓立體迷宮「淺草大迷宮忍者要塞」。克服機關門、傾斜通道、途中設置的障礙物等，收集印章往終點前進，像這樣的遊樂設施在東京是第一次出現。

另外，在花屋敷南邊相鄰的花屋敷通上有「マルハナ忍者體驗道場」，一如其名可以進行忍者的體驗，很受外國人歡迎。在「Nadeshiko」還可以穿著和服體驗茶會。

花屋敷象徵設施的「Bee 塔」（左）。右為「Disk"O"」

在圓形斜面上旋轉的兒童遊樂設施「Carnival」

奔跑了 60 年以上的「Roller Coaster」

搭船在空中航行的「Sky Ship」

像青蛙一樣上下彈跳的「ぴょんぴょん」

在園內緩慢移動的「熊貓車」

從 Bee 塔上看到晴空塔等的風景

日本遊樂園必有的旋轉木馬「Merry-go-land」

在 1949 年登場時的「驚奇屋」

📍 東京都台東區淺草 2-28-1

📞 03-3842-8780

🕐 10:00 ～ 18:00（最後入園 17:30。營業時間會視季節、天氣變動）
公休日：2 月、6 月、12 月有臨時休園。

💴 入園費成人（中學生～64 歲）1000 日圓、小學生 500 日圓、65 歲以上 500 日圓、學齡前兒童免費。通用票（不含入園費）成人 2300 日圓、小學生 2000 日圓、65 歲以上 1800 日圓、2 歲以上 1800 日圓。亦有遊樂設施券（1 張）100 日圓、回數票（共 11 張）1000 日圓。不接受信用卡。

🌐 http://www.hanayashiki.net

🔊 外語對應官網—— ✔ 英文
外語對應導覽手冊—— ✔ 英文

看地圖行動條碼

💙 給台灣遊客的訊息——這裡雖然規模小巧，卻是日本最古老的遊樂園，請一定要來玩玩。

💙 其他註記事項——有哺乳室。

大江戶溫泉物語

日 大江戶溫泉物語
英 Oedo-Onsen Monogatari

百合海鷗號遠程通信中心站南口步行2分。臨海線東京電訊站搭乘免費接駁巴士7分。

日本規模最大的溫泉主題樂園

泡完溫泉還可以穿著浴衣享受熱鬧祭典風情的江戶街景

以江戶為主題，面積廣大的溫泉設施。大浴場內有源泉從地底1400m湧出、水量豐沛的大江戶溫泉，以及百人浴池、絹之湯、寢湯等，還有露天浴池及三溫暖、按摩設備，共有13種浴池可供使用。而遍佈在700坪大的日本庭園裡全長50m的足湯，是以東海道五十三驛站為主題。像個旅人一樣步行在足湯中，布滿池底的小石頭舒服地按摩著腳底穴道。低溫三溫暖的岩鹽浴池（30分鐘620日圓）中舖滿約3億年前的天然喜馬拉雅山岩鹽，可以有效地消除身心壓力。還可以體驗由小魚咬去腳皮老舊角質的溫泉魚療（15分鐘1650日圓），讓腳的膚質變得光滑細緻。另外有搓澡（30分鐘4400日圓）、護膚（40分鐘4600日圓）等舒緩空間，以及100坪大的和式大廳和排滿了按摩椅的休息處。

大江戶溫泉物語的主要街道是重現了江戶街景的廣小路。以垂掛著燈籠的望樓為中心，一間間林立的餐飲店及遊戲處，就好像是廟會一樣的氣氛。其中有甜點、壽司、韓國菜、拉麵、烏龍麵、蕎麥麵等美食，另外還有抓娃娃機、占卜、體驗忍者的手裏劍投擲、射擊等店家。連接著廣小路的大江戶八百八町有關東煮、丼飯、定食等餐飲店聚集，還有居酒屋。

充滿日本風情的入口

撈彈力球的「すくう兵衛」

有如熱鬧廟會的大江戶溫泉主要街道

以東海道五十三驛站為主題的足湯

上↑下↓大江戶宿伊勢屋的
附浴室和室

以東海道五十三驛站為主題的夜間足湯

上↑散發日本風情的女性露天浴池
中↗位於大浴場內的大江戶溫泉
下↓位於大浴池窗邊的百人浴池

　　館內除了入浴外，都可以穿著浴衣。浴衣是在入館之後向櫃台側邊的越後屋租借。浴衣備有男生 4 種、女性 5 種。這裡也可住宿，簡易住宿設施的黑船 CABIN 是 1 人 1 晚 4500 日圓～，伊勢屋是 1 室 2 人為 18000 日圓～。

📍 東京都江東區青海 2-6-3

📞 03-5500-1126

🕐 11:00 ～翌日 9:00（最後入館 7:00）。
每月會進行 1 次設施維護，故有時為 11:00 ～ 23:00（21:00 截止入館）。無公休日。

💴 成人（國中生以上）平日 2612 日圓、週六日／假日 2828 日圓、特定日 2936 日圓、18:00 以後平日 2072 日圓、週六日／假日 2288 日圓、特定日 2396 日圓。兒童（4 歲～小學生）1058 日圓。未滿 4 歲免費。夜間追加費用（凌晨 2:00 以後留在館內者）2160 日圓。晨間浴池（5:00 ～ 7:00 的入館）大人 1554 日圓、小人 1058 日圓。
※ 費用包括入浴費、浴衣費、毛巾使用費、設施使用費。可使用信用卡，銀聯卡可。

🌐 http://daiba.ooedoonsen.jp

🔊 外語對應服務人員──✅ 中文　✅ 英文
外語對應官網──✅ 中文繁體字　✅ 中文簡體字　✅ 英文
外語對應導覽手冊──✅ 中文繁體字　✅ 中文簡體字　✅ 英文

📶 ✅ Wi-Fi（部分場所無法使用）

看地圖行動條碼

💠 其他註記事項──有哺乳室

NAMJA TOWN

日 ナンジャタウン

🚉 JR 山手線、東武東上線、西武池袋線、東京地鐵丸之內線、東京地鐵副都心線池袋站東口步行 8 分。東京地鐵有樂町線東池袋站 2 出口步行 3 分。

周遊園內，在妖怪路上捕捉怪物的「妖怪獵人」

暢玩遊樂設施與品嘗餃子

驚喜機關與舊時街景，原創甜點也充滿魅力

NAMJA TOWN 吉祥物造型的泡芙（650 日圓）

可以吃到日本各地冰淇淋的「ご当地アイスパーラー」

NAMJA TOWN 吉祥物造型的可麗餅（800 日圓）

NAMJA TOWN 就位在 JR 山手線池袋站東側，超高大樓陽光城 WORLD IMPORT MART 大廈的 2 樓。這座主題樂園是由最喜歡遊戲和惡作劇的兩隻貓咪 MOJAVU 與 NAJAVU 所設立，在園內四處都可以遇到這些吉祥物。園內分成「妖怪番外地」、「Dokkingam Plaza」、「福袋七丁目商店街」等 3 區。

「妖怪番外地」是被怪物（死靈及生靈）所占據、既昏暗又奇妙的街區。整條街上除了有為了不要變成殭屍，挑戰各種任務的「Zombie Breaker」等充滿怪異氣氛的遊樂設施外，還有從寫著「不得偷看」的門孔窺探時，門會劇烈搖晃的驚嚇設施，還有按下「御髮屋」的警鈴後會出現倒吊著的可怕老太婆的臉等，到處都設置了會讓人嚇一跳的機關。

在西式街道景色的「Dokkingam Plaza」也設有機關。有握住就可以占卜今天運勢的門把、一坐下就開始響起雷雨聲的巴士站長椅、從寫著「不準偷看」的門板小孔看進去，突然臉就被拍下來並惡作劇般映照到牆面

左上↖在外皮加了肉桂的茨城縣古河「丸滿」的餃子

上↑外皮酥脆有咬勁的福岡縣博多「鉄なべ荒江本店」的餃子

左←獲得國際品質評鑑組織金獎的滋賀縣「包王」的餃子

上，註記「偷窺者」等等，這個區域的機關也很有特色。

重現了 1950 年代日本街景的是「福袋七丁目商店街」。NAMJA 餃子競技場裡 8 間餃子店，可以品嘗到日本各地餃子名店的口味。在福袋甜點橫丁中有多間商店，販售只有在 NAMJA TOWN 才吃得到的可麗餅、蛋糕、義式冰淇淋等。除了用啤酒箱作成的桌席，在商店街小巷裡的 1.5 坪大的房間、派出所、只掛著門簾的烤雞肉串店的空間，都可以在裡面用餐。

「福袋七丁目商店街」中的遊樂設施「錢湯問答どんぶらQ」

在「遊戲路」有許多有趣的機關

充滿西洋氛圍的「Dokkingam Plaza」

NAMJA TOWN的入口，在園內有機會遇到吉祥物們喔！

餃子店羅列的「NAMJA餃子競技場」

被怪物們占領的城市「妖怪番外地」

多家甜點店聚集的「福袋甜點橫丁」

東京都豊島區東池袋3-1-3　太陽城・WORLD IMPORT MART 大廈2樓

03-5950-0765

10:00～22:00（21:00 截止入園）無公休日。

入園費成人（中學生以上）500 日圓、兒童（4 歲～小學生）300 日圓。NAMJA PASSPORT（入園費＋遊樂設施任意搭乘）成人 3300 日圓、兒童 2600 日圓。AFTER 3 PASSPORT（15:00 起）成人 2300 日圓、兒童 1800 日圓。部份可使用信用卡。

http://www.namco.co.jp/tp/namja

外語對應官網──✔ 英文
外語對應導覽手冊──✔ 英文

看地圖行動條碼

◇ 給台灣遊客的訊息──在 NAMJA 餃子競技場可以品嘗到日本各地名店的美味餃子。請一定要來嘗嘗。

◇ 其他註記事項──哺乳室（請向工作人員洽詢）

東京 JOYPOLIS

日 東京ジョイポリス

英 Tokyo Joypolis

🚈 百合海鷗號御台場海濱公園站北出口步行 2 分。臨海線東京電訊站步行 5 分。

入口位於 DECKS
Tokyo Beach
SEASIDE MALL
的 3 樓

日本規模最大的室內型遊樂園

在 3 層樓挑高空間裡，充滿歡笑與刺激

東京 JOYPOLIS 位於台場東京狄克斯海濱中的 3 至 5 樓。負責營運的是開發娛樂設備的 SEGA LIVE CREATION，是日本規模最大的室內遊樂園。刺激類及使用 3D 技術等，種類豐富的遊樂設施有 20 種以上，且因為位於室內，不受天候及氣溫影響的舒適環境是它的特色。

遊樂設施中最有人氣的是「Halfpipe Tokyo」。這是兩人座的船艙，操作腳踏板來旋轉競賽的遊樂設施，兩個人互相合作是決勝負的關鍵。而推薦的刺激設施，是以進行生物工學研究設施的廢墟為舞台、充滿刺激感的「Veil of Dark」。在 3 層樓挑高空間的軌道上以疾速飛奔，中途倒立旋轉時乘客所發出尖叫聲響徹整個樓層，讓地面上不少遊客不禁好奇地往上探看。

想來段空中旅行的話就要搭乘「Wild Wing」。前導的雙翼機以特技飛行牽引著滑翔機，是趟充滿刺激的遊覽飛行之旅。透過超巨大螢幕及震撼性的燈光變化，可以體驗到前所未有的飛行探險世界。以原始叢林的大自然為舞台，搭乘越野車奔馳其中的是「Wild Jungle Brothers」。而「Wild River」中實際使用大量的水，重現驚險的湍急河流的航行。各遊樂設施皆有其身高的限制。

最特別的是「D-LAUNGE」內巨大的螢幕水族箱。站在掃瞄點拍攝臉部照片，長著自己的臉的海牛就會出現在水槽中。在「Frame Cafe」的眺望台可以看到美麗的彩虹大橋及東京鐵塔等的風景。

在「D-LAUNGE」提供輕食

東京 JOYPOLIS 中最有人氣的「Halfpipe Tokyo」

在主舞台可以觀賞到使用數位技術的特別表演

在館內縱橫奔、尖叫聲不斷的雲霄飛車「Veil of Dark」

可欣賞到彩虹大橋等廣闊景色的「Frame Cafe」

享受遊覽飛行之旅的「Wild Wing」

進到叢林深處進行遺跡探險之旅的「Wild Jungle Brothers」

📍 東京都港區台場 1-6-1 DECKS 東京 Beach 3 ～ 5 樓

📞 03-5500-1801

🕐 10:00 ～ 22:00（21:15 截止入館）。公休日／不定休。

💴 成人（18 歲以上）800 日圓、小學／國／高中生 500 日圓。通票（入場券＋自由搭乘遊樂設施）成人 4300 日圓、小學／國／高中生 3300 日圓。夜間通票（入場券＋自由搭乘遊樂設施。入場時間平日 17:00 ～、週六日／假日 16:00 ～）成人 3300 日圓、小學／國／高中生 2300 日圓。優惠夜間通票（入場時間 20:00 ～）成人 3300 日圓、小學／中學／高中生 2300 日圓。部份可使用信用卡，部份可使用銀聯卡。

🌐 http://tokyo-joypolis.com

🔊 外語對應導覽手冊——✔ 英文

📶 ✔ Wi-Fi

看地圖行動條碼

❤ 其他註記事項——
有哺乳室

冬夜中華麗的彩色燈飾

進到寒冬的 12 月時，在各地街道以燈光裝飾的活動也即將開始。大多的燈飾景點在 12 月 24 日的聖誕節及年底就會結束，如果在 12 月到訪東京，請一定要親眼看看那華麗、夢幻般的燈飾。一定會留下非常美好的回憶。以下介紹的是特別推薦的燈飾景點。

滿溢著香檳金色的奢華色彩

東京 MICHITERASU
東京ミチテラス

點燈時期／東京 MICHITERASU 12 月 24 ～ 28 日。
（相關企劃的丸之內霓彩燈飾 11 月 10 日～ 2 月 19 日）（兩者日期每年皆異）
點燈時間／17:00 ～ 20:30
舉行地點／東京站、行幸通、丸之內仲通
最近的車站／JR 東京站、東京地鐵丸之內線東京站
洽詢電話／0180-993-771
http://www.tokyo-michiterasu.jp

整條路都裝飾了香檳金色的燈飾，同時也會舉行聖誕節市集，在路旁排滿德國風格的聖誕節小屋。在最後一週會實施「東京站特別燈飾＆光之散步道」。紅磚建造的東京車站大樓被彩色的燈光所籠罩，充滿非常夢幻的氣氛。

看地圖行動條碼

讀賣樂園 Jewel Illumination
よみうりランド ジュエルミネーション

點燈時期／10 月 14 日～ 2 月 19 日（每年不同。期間可能休園）
點燈時間／16:00 ～ 20:30（聖誕節期間～ 21:00）
夜間入園費用／18 歲～ 64 歲 1200 日圓、國高中生 600 日圓、65 歲以上 600 日圓。夜間通票（夜間入園券＋自由搭乘夜間遊樂設施）18 ～ 64 歲 2300 日圓、3 歲～小學生 ・65 歲以上 1700 日圓
舉行地點／讀賣樂園
最近的車站／京王相模原線京王讀賣樂園站下車。從車站搭乘纜車「SKY SHATTLE」。小田急線讀賣樂園前站搭乘小田急巴士車程 10 分
洽詢電話／044-966-1111
http://www.yomiuriland.com/jewellumination/

讀賣樂園位於東京郊外的丘陵地，可以一望東京的夜景，且色彩閃亮的燈飾非常迷人。400 萬個燈泡就像散落在整個廣闊園區裡的寶石一樣。從摩天輪看夜景特別受歡迎。

看地圖行動條碼

右→穿梭於燈光洪水中的雲霄飛車十分有趣
上↑由一流的燈光設計師所監修，是高品質的燈光演出

表參道霓彩燈飾
表參道イルミネーション

點燈時期／12月1日～25日（灌木為～1月3日）
點燈時間／日落～22:00
舉行地點／神宮橋十字路口至表參道十字路口約400 m
最近的車站／JR原宿站、東京地鐵表參道站、明治神宮前站
洽詢電話／03-3406-0988
http://omotesando.or.jp/illumi/

從JR原宿站到表參道十字路口的櫸木行道樹，裝飾上約50萬個香檳金色的LED燈泡。這裡是冬季燈飾的先驅，人氣常年不退。

路樹燈飾的彩燈秀是從這裡發源的

多摩中心霓彩燈飾　多摩センターイルミネーション

有很多受小朋友歡迎的有趣燈飾

點燈時期／11月12日～1月9日（每年不同）
點燈時間／16:30～22:30（三麗鷗角色人物為～21:30）
舉行地點／帕德嫩大道約400 m的沿線
最近的車站／京王線、小田急線、多摩都市單軌列車多摩中心站附近
洽詢電話／090-8946-9909
http://www.tamacenter-cm.com/illumi/

位於郊外的燈飾景點。裝飾在帕德嫩大道上的樟樹上。其中光之水族館的隧道、三麗鷗角色人物等燈飾，頗受小朋友及情侶的好評。燈飾期間當中還有Hello Kitty的特別遊行，活動相當多樣。

步行在藍色燈光中，有如夢幻般的時刻

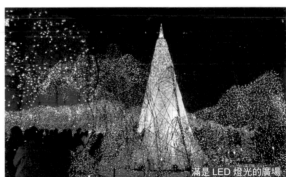

滿是LED燈光的廣場

Caretta Illumination
カレッタ汐留イルミネーション

以藍色為主題的燈飾景點。可以體驗到像是走在光海之中的夢幻空間。每隔20分鐘會舉行配合音樂的光雕投影秀。

點燈時期／11月17日～2月14日（每年不同）
點燈時間／17:00～23:00（1～2月為18:00～）
舉行地點／Caretta SHIODOME B2 Caretta Plaza
公休日／1月1～2日
最近的車站／JR新橋站步行4分。都營地下鐵大江戶線汐留站步行1分、淺草線新橋站步行3分、東京地鐵銀座線新橋站步行5分
詢問電話／03-6218-2100
http://www.caretta.jp

台場怪奇學校

日 台場怪奇学校
英 DAIBA Weird School

百合海鷗號御台場海濱公園站北口步行 2 分。臨海線東京電訊站步行 5 分。

繞行在成為廢墟的鬼屋學校中

在被詛咒的學校中走來走去，供養過世的孩子們

台場奇怪學校位於台場 DECKS 東京 Beach 海濱商場 4 樓，充滿 1950 年代氣氛的台場 1 丁目商店街內。這座鬼屋是以 40 年前廢校的小學為舞台，從外觀就散發著恐怖的氛圍。參加者必須先閱讀寫有故事與使命的入學手冊，看完鬼怪的影片後才開始進入遊戲。當中有表情可怕的兒童鬼怪襲擊而來等等，在每間教室及走廊都有原創的演出，充滿了恐怖感。在全暗的校內，手拿著微亮的手電筒探險前進。所需時間約為 6 分鐘，是長是短，就依自己是否感到害怕而定了。

台灣每年 7 月上旬到 8 月下旬，都會在台北等地舉行「東京恐怖學園」。在這裡也同樣可以體驗到非常可怕的鬼屋。

似乎可以聽見怨念的外觀

受詛咒的教室中有學生上吊著

被鎖在桌子的理科老師

在受詛咒的學校中發現謎樣的娃娃

好像有人從窗戶探看著的詭異走廊

放置於理科教室殘破的置物櫃。左側髒污的骨骼標本氣氛詭異。

東京都港區台場 1-6-1 DECKS 東京 Beach 4 樓

03-3599-1664

11:00 ～ 21:00（20:45 截止入場）。不定休。

1800 日圓（小學生需有高中生以上同伴同行）。學齡前兒童不得進場。不接受信用卡。

http://obakeland.net

外語對應服務人員—— ✔ 英文
外語對應導覽手冊—— ✔ 中文簡體字　✔ 英文

看地圖行動條碼

● 給台灣遊客的訊息——也歡迎參加每年在台灣舉行的「東京恐怖學園」。

● 其他註記事項——有哺乳室。

TOKYO

觀景勝地

東京晴空塔®｜東京鐵塔｜橫濱地標塔

橫濱海洋塔、冰川丸｜東京都廳展望室

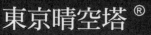

東京晴空塔®
日 東京スカイツリー®
英 TOKYO SKYTREE

東武晴空塔線線東京晴空塔站；東京地鐵半藏門線、都營地下鐵淺草線、京成押上線押上站

登上世界第一高塔！
從全世界最高自立式電波塔的觀景樓層欣賞壯闊景色

晴朗時空氣清澈，在街景的遠方還可以看到富士山

東京晴空塔®的高度為 634 m。有距離地面 350m 的天望甲板和距離地面 450m 的天望回廊的兩個瞭望台。搭乘天望穿梭電梯到天望甲板約是 50 秒。可以容納約 2000 人的寬廣空間中，有咖啡廳、餐廳、商店，在觀賞風景的同時也可以渡過開心的時間。想再往上空散步時，就登上天望回廊吧。沿著長約 110m 的斜坡狀回廊步行走到最高點，一定可以獲得最美好的回憶。（相鄰的購物中心「東京晴空街道」請參照 p.76）

晴空塔妹妹的布偶 1338 日圓

📍 東京都墨田區押上 1-1-2

📞 0570-55-0634

🕐 8:00～22:00（21:00 截止入場）／無公休日。

¥ 天望甲板當日票：成人 2060 日圓、國高中生 1540 日圓、小學生 930 日圓、幼兒（4～5 歲）620 日圓／天望甲板指定日期時間券：成人 2600 日圓、國高中生 2100 日圓、小學生 1400 日圓、幼兒（4～5 歲）1130 日圓／天望回廊入場券：成人 1030 日圓、國高中生 820 日圓、小學生 510 日圓、幼兒（4～5 歲）310 日圓 ※ 當日票於 4F 售票櫃台購買。指定日期時間券於官方網頁或 7-11 的多功能複合機購買。※ 天望回廊的入場券於天望甲板的購票櫃台購買 ※ 限當天購買。可使用信用卡及銀聯卡。

🌐 http://www.tokyo-skytree.jp

🔊 外語對應服務人員── ✔ 中文 ✔ 英文
外語對應官網── ✔ 中文繁體字 ✔ 中文簡體字 ✔ 英文
外語對應導覽手冊── ✔ 中文繁體字 ✔ 中文簡體字 ✔ 英文

📶 ✔ Wi-Fi

看地圖行動條碼

○ 台灣遊客的訊息──往返羽田機場、東京站、上野站與東京晴空塔®之間的遊客，可以搭乘「晴空搭穿梭巴士®」。

將天空染成紅色的夕日，到燈光閃爍的夜晚，夜景也是美不盛收

東京時空導航儀。介紹從天望甲板所見景色的大型螢幕。透過觸控操作還可以看到隅田川的煙火等

離地 345 m 的創作和食餐廳「Sky Restaurant 634（musashi）」／需預約 Tel:03-3623-0634 ／11:00～16:00、17:30～23:00

東京晴空塔®的官方精品店。請留意在 1 樓商店沒有的限定商品！

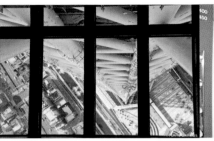

可透過玻璃地板看到正下方的角落。位於樓層 340。來試試看膽量吧！

SKYTREE CAFE／分別位於樓層 350 與樓層 340 的咖啡廳。

樓層 340 的「晴空塔妹妹聖代」780 日圓

天望甲板──360 度視野，享受震撼的全景（樓層 350、345、340）

散客的入口是在東京晴空塔城®4 樓的「晴空廣場」。在這裡購買入場券後就可以前往出發口。搭乘天望穿梭電梯快速往上爬昇，即可到達天望甲板的最高樓層的樓層 350。

南西 SOUTH WEST

最高到達点 451.2m 634m

ソラカラポイント SORAKARA POINT

天望回廊──有如散步空中的情境！（樓層 450、445）

欲登上天望回廊時，要先在樓層 350 的售票櫃台購買入場券。搭乘透明的穿梭電梯急速上昇，享受具震撼力的速度感。到達樓層 445 後，沿著回廊向最高點的「晴空佳境」步行前進。

左上↖一邊欣賞著玻璃窗外遼闊的景色，一邊漫步於回廊
左下↙東京晴空塔®的角色人物們。最前方是「晴空塔妹妹」
右→在 451.2 m 處的最高點標示「晴空佳境」

只有在這裡才買得到的晴空塔伴手禮！

東京晴空塔®的官方周邊商品有官方角色人物周邊商品及原創餅乾等，種類相當豐富。除了天望甲板的樓層 345 之外，在 1F 及穿梭巴士抵達的 5F 也有商店。

TOKYO SKYTREE 法蘭酥 1080 日圓

©TOKYO-SKYTREE

東京鐵塔
日 東京タワー
英 TOKYO Tower

都營地下鐵大江戶線赤羽橋站赤羽橋口步行 5 分。都營地下鐵三田線御成門站 A1 出口步行 6 分。東京地鐵日比谷線神谷町站 1 出口步行 7 分。

寫下約 60 年歷史的東京地標
比巴黎艾菲爾鐵塔再高約 9m
從觀景台一覽東京都心

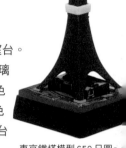

東京鐵塔完工於 1958 年，是高度 333m 的綜合電波塔。從完工後有很長一段時間，都是日本最高的自立式鐵塔，現在則是僅次於高度 634m 的東京晴空塔之後。然而它現在依舊被視為是東京地標，不只日本人，還有來自世界各國的觀光客到訪。

觀景台共有 2 處。高度 150m 的大瞭望台為雙層構造，在 1 樓有咖啡廳及活動舞台等，還有可以看到高 1150m 正下方的玻璃地板，人也可以站到玻璃地板。活動舞台在週三、四的晚間會有現場演奏，週五的晚間則有接受點歌的 DJ 時段。在 2 樓還設有鐵塔神宮。

再往上方高 100m 的 250m 處有特別瞭望台。雖然比大瞭望台小了一圈，但夜間時候玻璃窗下方會點亮燈光，有紅、綠、藍等顏色變化，相當浪漫。另外，在大瞭望台還免費提供望遠鏡租借，可以攜帶至特別瞭望台使用。

東京鐵塔模型 650 日圓～
為人氣的伴手禮

從瞭望台所見的風景十分壯觀，東北方為銀座、西側為富士山、南側有羽田機場及房總半島、台場、橫濱地標塔，在正下方是增上寺，北側在大樓之間則可以看見東京晴空塔。通常到瞭望台是搭乘電梯，而到大瞭望台如果天氣晴朗的週六、日、假日，則可以爬樓梯上去（需付費）。樓梯約有 600 階，所需時間約 15 分。

在電梯搭乘口的 1 樓有水族館，而 WELCOME LOUNGE 中有照片看板，介紹東京鐵塔的建設、燈光、開業當時的模樣等。

鐵塔的紅與白在青空下特別顯眼

幾乎每天都會進行點燈

鐵塔有時會打上七色的燈光

位於高度 150m 的大瞭望台為雙層的構造

特別瞭望台高度 250m，夜晚時窗戶下的燈光會點亮

天氣好時可以從瞭望台看見富士山

左↖想買東京鐵塔的伴手禮，推薦到 3 樓的商店購買
右↗裝在東京鐵塔形狀瓶子中的原創伴手禮餅乾

在大瞭望台 2 樓的鐵塔大神宮祈求旅行平安吧

大瞭望台 1 樓有人可站上去的玻璃地板

東京鐵塔的角色人物「諾朋兄弟」

東京都港區芝公園 4-2-8

03-3433-5111

9:00 ～ 23:00（22:30 截止入場），無公休日。

大瞭望台成人（高中生以上）900 日圓、兒童（國中／小學生）500 日圓、幼兒（4 歲以上）400 日圓。特別瞭望台成人 700 日圓、兒童 500 日圓、幼兒 400 日圓。大瞭望台＋特別瞭望台成人 1600 日圓、兒童 1000 日圓、幼兒 800 日圓。部份可使用信用卡，部份可使用銀聯卡。

http://www.tokyotower.co.jp

外語對應服務人員── ✓ 中文 　✓ 英文
外語對應官網── ✓ 中文繁體字 　✓ 中文簡體字 　✓ 英文
外語對應導覽手冊── ✓ 中文繁體字 　✓ 中文簡體字 　✓ 英文

 ✓ Wi-Fi

看地圖行動條碼

給台灣遊客的訊息──除了東京鐵塔模型外，還有銷售多種東京的伴手禮。

其他註記事項──有哺乳室、無障礙空間。

橫濱地標塔

日 橫濱ランドマークタワー
英 THE YOKOHAMA LANDMARK TOWER

JR 根岸線、市營地下鐵藍線櫻木町站自動人道步行 5 分。港未來線港未來站步行 3 分。

從空中花園一覽橫濱的風景

肩負港未來的中樞，高 297m 的超高樓層複合大樓

佇立於港未來的橫濱地標塔

與地標塔相鄰的地標廣場

面對橫濱港的港未來，是工業地區重新開發後所誕生的人氣觀光景點。以橫濱地標塔為首，摩天大樓、各種購物商店、大型飯店、美術館等皆採用了嶄新的設計，是大樓林立的橫濱中最大型的娛樂城。當中有「YOKOHAMA COSMO WOLRD」，是以世界最大規模的附時鐘摩天輪為地標，附有 30 種以上的遊樂設施並且可品嘗到世界各國料理的「YOKOHAMA WORLD PORTERS」，和讓人沉浸於懷舊氣氛的「橫濱紅磚倉庫」等等，聚集了不少吸引人的設施。

高度 296m 的橫濱地標塔，是繼 634m 的東京晴空塔®、333m 的東京鐵塔、300m 的阿倍野 HARUKAS、298m 的明石海峽大橋之後的第五高的建築物。搭乘日本最快速電梯，以最快分速 750 m、約 40 秒到達位於 69 樓 273m 高的空中花園。在可一望橫濱風景的觀景樓層，往東南方向可看到三浦半島及房總半島、西南方向有伊豆半島及江之島、東北方向有筑波山及東京都廳、西北方向可以遠望富士山及高尾山。正下方則有橫濱港、山下公園、冰川丸、海洋塔。於觀景樓層的空中咖啡廳銷售的地標塔霜淇淋（580 日圓）是 1 天限量 1 支的人氣商品。霜淇淋的高度是觀景樓層的 1000 分之 1 的 273 ㎜，還裝飾了愛心形狀的汽水糖。

橫濱地標塔與地上 5 層、地下 2 層的地標廣場相鄰。咖啡廳及餐廳主要位在 1 樓與 5 樓、商店在 2 樓～4 樓、地下 1 樓與 2 樓是名為「未來橫丁」的餐飲區。聚集了約 50 間餐廳及 160 多間商店。

而在地標廣場中有被指定為國家重要文化財的船塢公園。是日本現存最古老石造船塢的舊橫濱船渠第 2 號船塢的復原品，現在是作為活動場館使用。

空中花園東北方的風景

位於地標塔地下的
餐飲區「未來橫丁」

附屬於地標塔的船塢公園

從山下公園眺望港未來地區的夜景

大樓林立的港未來地區

港未來地標的摩天輪「COSMO CLOCK 21」

神奈川橫濱市西區みなとみらい 2-2-1

045-222-5030

空中花園為 10:00 ～ 21:00（20:30 截止入場）、該週週六及週一為假日時，週日為 10:00 ～
22:00（21:30 截止入場）。地標廣場的購物商店 11:00 ～ 20:00、咖啡廳＆餐廳 11:00 ～ 22:00
（部份商店例外）。地標塔美食餐廳的咖啡廳＆餐廳 11:00 ～ 22:00。未來橫丁的咖啡廳＆餐
廳 11:00 ～ 23:00。無公休日。

18 空中花園（69 樓觀景樓層）成人（18 歲以上）1000 日圓、65 歲以上／高中生 800 日圓、
國中／小學生 500 日圓、幼兒（4 歲以上）200 日圓。部份接受信用卡，部份接受銀聯卡。

http://www.yokohama-landmark.jp

外語對應服務人員—— ✔ 英文
外語對應官網—— ✔ 中文繁體字　✔ 中文簡體字　✔ 英文
外語對應導覽手冊—— ✔ 中文簡體字　✔ 英文

看地圖行動條碼

❤ 其他註記事項——
有哺乳室。

橫濱海洋塔、冰川丸

日 横濱マリンタワー氷川丸
英 Yokohama Marine Tower / Hikawamaru

港未來線元町、中華街站 4 出口步行 1 分。JR 根岸線石川町站北口步行 15 分。

高 106m 的橫濱海洋塔

橫濱港的兩大地標
從昔日的燈塔眺望橫濱景色，參觀停泊的大型客貨輪

有眾多國內外觀光客到訪的山下公園，正對長約 1km 的橫濱港，是日本的首座臨海公園。它是 1923 年發生的關東大地震的復興事業一環，以受災地的瓦礫及焦土填海而成，於 1930 年開園。公園內到處都有照顧得很漂亮的花壇，和紅鞋女孩等多數雕像。

而為了紀念橫濱開港 100 年，在 1961 年高 106m 的橫濱海洋塔開幕，成為橫濱港的地標。它曾經被金氏記錄認定為世界最高的地上燈塔，在 2008 年結束了它作為燈塔的任務。在 1 樓的展示大廳，展出海洋塔作為燈塔時使用的燈具。觀景樓層有 2 層，位在 91m 與 94m 的高度。可以一望包括橫濱港、海灣大橋、山下公園、港未來地區的大樓群，天氣好的時候還可以看見富士山。在 2 樓的商店有銷售海洋塔原創的週邊商品。在 4 樓的餐廳備有開放式露台座位，可以眺望橫濱港。

而停留於山下公園內、日本郵船所有的大型貨客船——冰川丸，也是橫濱港的地標。冰川丸完工於 1930 年，是二戰前所建造的大型船中唯一現存的貨客船。在作為北美航路補給船時，還被稱為太平洋的女王，一直活躍到 1960 年為止。船上搭載了當時最新穎的柴油引擎，船內的家飾品是裝飾藝術風格的美麗設計。總噸數 1 萬 1622 噸，全長 163m、寬約 20m。可沿冰川丸船內的路徑參觀一等食堂、一等社交室、一等客房、駕駛室、船長室、引擎室、三等客房等。

位於山下公園內「紅鞋女孩」的雕像

打上美麗燈光的橫濱海洋塔

橫濱海洋塔的
29 樓瞭望層有
可以看到正下
方的玻璃地板

從橫濱海洋塔的瞭望層可欣賞壯觀的景色

在山下公園散步的同時欣賞橫濱港景色

橫濱海洋塔的瞭望層下方就是山下公園與橫濱港

近距離看冰川丸才發現是出乎預期的巨大

去在這個操舵室中 24 小時努力維持冰川丸
的安全航行

在冰川丸的一等食堂可以看出昭和初期（1930
年代）的華麗客船文化

冰川丸的一等社交室，為優雅的裝飾藝術風格

日本郵船冰川丸
日本郵船冰川丸・NYK HIKAWAMARU

📍 神奈川橫濱市中區山下町山下公園地先

📞 045-641-4362

🕐 10:00 ～ 17:00（16:30 截止入館）。週一公休（逢假日則翌日休）。

💴 成人（大學生以上）300 日圓、65 歲以上 200 日圓、小學／國／高
中生 100 日圓、學齡前兒童免費。不接受信用卡。

🌐 http://www.nyk.com/rekishi/

🔊 外語對應服務人員── ✓英文
外語對應官網── ✓英文
外語對應導覽手冊── ✓中文簡體字 ✓英文

💗 給台灣遊客的訊息──這裡是完
工於 1930 年、歷史相當悠久的
客輪，請一定要來參觀看看。

橫濱海洋塔
横浜マリンタワー・YOKOHAMA MARINE TOWER

📍 神奈川橫濱市中區山下町 15

📞 045-664-1100

🕐 0:00 ～ 22:30（22:00 截止入館）。不定休。

💴 成人（大學生以上）750 日圓、國／高中生 500
日圓、小學生 250 日圓、幼兒（3 歲以上）200
日圓。與冰川丸的套票成人 900 日圓、國／高中
生 550 日圓、小學生 300 日圓、65 歲以上 750
日圓。部份可使用信用卡。

🌐 http://marinetower.jp

🔊 外語對應服務人員── ✓英文
外語對應官網── ✓中文繁體字 ✓英文
外語對應導覽手冊── ✓中文簡體字 ✓英文

📶 ✓Wi-Fi

東京都廳展望室

日 東京都庁展望室
英 Tokyo Metropolitan Government
Building Observatories

JR 新宿站西口步行 10 分鐘。
都營地下鐵「都廳前」站即到。

由日本代表性建築師——已故的丹下健三
所設計的東京都廳第一本廳舍

免費享受絕景的觀景室
一覽東京街景的展望室是欣賞夜景的絕佳地點

　　在東京都廳第一本廳舍離地 202m 處的 45 樓有北與南的 2 個瞭
望室，免費開放給遊客使用。都廳位在新宿西口的高樓層大樓的
西端，在這裡林立的大樓群及東京鐵塔等東京街景可以盡收眼底。
因為這裡會開放到晚上，所以最適合欣賞夜景。搭乘直達電梯到
達的北瞭望室，還有可享用正統料理的餐廳及陳列豐富的限定商
品的商店。當北瞭望室未開放時則可以到南瞭望室，在這邊也有
咖啡廳及商店。

在空氣清澈時可以看見富士山

往東北方向的景色。遠處可以看見晴空塔

往西南方的夜景。前方為新宿公園塔

●餐廳
Good View Tokyo
每週二／三的晚間
有現場鋼琴演奏

晚餐的菜色（範例）

看地圖行動條碼

東京都新宿區西新宿 2-8-1

03-5320-7890（展望室專用電話／平日 10:00 ～ 17:00）

9:30 ～ 23:00（南展望室為～ 17:30、北展望室在休假日時為～ 23:00）。
第 2、4 週一休館（南瞭望室為第 1、3 週二休館）

免費

http://www.yokoso.metro.tokyo.jp/page/tenbou.htm

外語對應服務人員——☑ 中文　☑ 英文
外語對應官網——☑ 中文繁體字　☑ 中文簡體字　☑ 英文
外語對應導覽手冊——☑ 中文繁體字　☑ 中文簡體字　☑ 英文

TOKYO
交通相關

水上巴士（淺草～台場）｜MEGA WEB

橫濱港巡航（海上巴士）｜原鐵路模型博物館

大宮鐵道博物館｜地下鐵博物館｜SKY HOP BUS

淺草～台場航線的水上巴士碼頭。可近距離看到東京晴空塔。前方的金黃色大樓是朝日啤酒的總公司。

水上巴士 日 水上バス 英 Waterbus

交通──主要碼頭
淺草碼頭：台東區花川戶 1-1-1／東京地鐵銀座線、東武伊勢崎線、都營淺草線淺草站步行 1～3 分。
日出棧橋：港區海岸 2-7-104／百合海鷗號日出站步行 2 分、JR 山手線濱松町站步行 10 分。
台場海濱公園：港區台場 1-4-1／百合海鷗號台場站、御台場海濱公園站步行 5 分、臨海線東京電訊站步行 7 分。

松本零士東京都觀光汽船株

漫畫界大師──松本零士所監制的「HOTALUNA」。是誕生於 2012 年的嶄新客船，參考的是太空船的外型。

搭乘馳騁於水上的「巴士」觀光東京

搭乘水上巴士巡遊從淺草到台場的水岸觀光景點

　　航行在隅田川與東京灣的觀光水上巴士，是讓遊客從水上眺望東京景色的舞台。航班由東京都觀光汽船與東京水邊航線提供。2 間公司有各種不同的航線，但最熱門的是連接淺草與台場的航線。從淺草出發後穿越數座橋樑，沿著隅田川下游而去，最後穿越彩虹大橋往終點台場海濱公園航行。當然也有逆向的航班。最新型的水上巴士「HOTALUNA」、「HIMIKO」的航班需時約 1 小時。在舒適的船內可以悠閒地欣賞兩岸的東京街景。

左←以彎曲的玻璃窗包覆的船內充滿開放感，相當舒適。前方有像太空船駕駛艙一樣的操舵室
右→在客船後方的咖啡廳櫃台。提供原創的冰淇淋及餐點

穿越橫跨於隅田川上的數座橋樑往佃島前進。越來越接近窗戶密集的公寓大廈群 RIVER CITY 21。

客船慢慢進入東京灣。艙門開啟後，乘客聚集在船上的眺望甲板。一邊享受海風一邊欣賞風景

漸漸看見晴海埠頭的客船碼頭

HOTALUNA 途經日出棧橋。迎接新的乘客繼續前往台場

馬上就要靠近彩虹大橋了

總長 800 m 的人工海灘——台場海灘

到達台場海濱公園的台場海濱公園碼頭。後方的建築物是富士電視台

可享用水上晚餐的東京都觀光汽船「御座船 ・ 安宅丸」

看地圖行動條碼

★ HOTARUNA 航線（淺草——日出棧橋——台場）

🌙 淺草發船 10:00 13:15 15:15（到台場需時 1 小時 5 分）。每月第 3 個週三 & 四公休。

¥ 淺草——日出棧橋——台場海濱公園 1,560 日圓

★ HIMIKO 航線（淺草——台場直達）

🌙 淺草發船 10:10 13:25 15:25（到台場需時 50 分）。每月第 2 個週二 & 三公休。

¥ 淺草——日出台場海濱公園 1,560 日圓

東京都觀光汽船　📞 0120-977-311　🌐 http://www.suijobus.co.jp（僅日語）

東京水邊航線　📞 03-5608-8869　🌐 http://www.tokyo-park.or.jp/waterbus（僅日語）

MEGA WEB
日 メガウェブ

🚉 百合海鷗號青海站直通 TOYOTA CITY SHOWCASE。臨海線東京電訊站步行 3 分。

排滿最新型的豐田汽車
由三個場館組成，除了新型車款還展示了令人懷念的骨董車

在 TOYOTA CITY SHOWCASE 中的試乘空間 RIDE ONE

這座豐田汽車的主題樂園，是由 TOYOTA CITY SHOWCASE、HISTORY GARAGE、RIDE STUDIO 的三個場館所組成。

主要場館為 TOYOTA CITY SHOWCASE，在 1 樓陳列了約 80 台最新型的豐田汽車。其中最有人氣的是 RIDE ONE（300 日圓）。可以從 CENTURY・86・MIRAI 等 50 種豐田汽車中選出喜愛的車款，在 1.3km 的車道上試乘 2 圈。無日本駕照者，若未持有國際駕照則無法參加試乘。

2 樓的 GLOBAL DISCOVERY ZONE 則是以遊戲的方式，體驗豐田汽車在海外銷售的車輛及最新的技術。除了展示次世代的環保車型等，還有安全模擬機，可像玩遊戲一樣體驗搭載於車輛中的安全系統及混合動力車的駕駛（需符合使用條件），而 ITS 駕駛模擬機是在以逼真的動畫重現的街景中，體驗活用 ITS 技術的最新駕駛支援服務等。提供試乘（需符合使用條件）的 WINGLET，是由豐田汽車所開發的站立式電動二輪車。透過身體重心的前後移動而可慢慢地前行。另外在 WAKU-DOKI ZONE 中，展示了曾經參加過世界最高峰的長距離賽車「FIA 世界拉力錦標賽」等的跑車。

在 HISTORY GARAGE 則展示了世界上具歷史價值的車輛。在懷舊風格

TOYOTA CITY SHOWCASE 中的 GLOBAL DISCOVERY ZONE 展示了海外車款及次世代的移動工具

街景中，陳列了 1959 年款 美 國 GM 的 Chevrolet Impala、1954 年款德國式的 Porsche 356、1963 年款 日 本 Toyopet CROWN RS41 等世界級的名車。

RIDE STUDIO 是小朋友可以在全長約 230m 的室內跑道上，學習駕駛及交通規則的空間。針對學齡前兒童也提供 PETIT RIDE ONE。

展示世界名車的 HISTORY GARAGE

TOYOTA CITY SHOWCASE 中的 ROOKIE CAFE

HISTORY GARAGE 中的 ALESSANDRO NANNINI CAFFE

可體驗安全技術的 TOYOTA CITY SHOWCASE 的模擬機

TOYOTA CITY SHOWCASE 中的 LINEUP ZONE 展示豐田汽車最新車款

TOYOTA CITY SHOWCASE 中還有展示賽車的 WAKU-DOKI ZONE

在 RIDE STUDIO 有小朋友可以搭乘的電動汽車

MEGA WEB 的中心設施 TOYOTA CITY SHOWCASE

東京都江東區青海 1-3-12

03-3599-0808

TOYOTA CITY SHOWCASE 和 HISTORY GARAGE 為 11:00 ～ 21:00、RIDE STUDIO 為 11:00 ～ 19:00、RIDE ONE（試乘）為 11:00 ～ 22:00。不定休。

免費入館（部份遊樂設施需付費）。不接受信用卡。

http://www.megaweb.gr.jp

外語對應官網——☑ 中文繁體字　☑ 中文簡體字　☑ 英文
外語對應導覽手冊——☑ 中文簡體字　☑ 英文

看地圖行動條碼

◎ 其他註記事項——有哺乳室、無障礙空間。

43

從海上觀賞令人感動的橫濱港風景

欣賞橫濱港區著名觀光景點的20分鐘短暫航行

橫濱港灣大橋與海上遊船

海紅號及海上遊船鑽過橫濱港灣大橋下

浮碼頭與港未來的摩天大樓群的夜景

工廠地帶充滿夢幻般氣氛的夜景,很有人氣

海上巴士是連接橫濱站東口「橫濱YOKOHAMA BAY QUARTER」(橫濱東口巡航站)──港未來21浮碼頭──紅磚碼頭──山下公園的客船。橫濱站東口碼頭位於帷子川的河口。從這裡出發的客船鑽過鐵路及高速公路的橋梁,出港口後風景為之一變。途經港未來的摩天大樓、摩天輪、紅磚倉庫,幸運的話還可以看到停泊在大棧橋的大型豪華客船,最後到達山下公園冰川丸旁的碼頭,直達船班需時15分,若中途停靠碼頭則為35分。如果想拍照,就推薦後方的甲板。也提供相反路線的航班。將搭船作為橫濱觀光的交通手段之一,旅行應該會更豐富有趣吧。

若想享受正統的橫濱港航行,推薦搭乘在船內備有咖啡廳及餐廳的觀光船Marine Rouge(海紅號)及Marine Shuttle(海上遊船)。以40分~90分巡遊橫濱港。有搭配船內餐廳的午餐及晚餐行程,可以享受奢侈的客船之旅。另外每週末發船的「工廠夜景航班」,可以從海上欣賞夜間工廠地帶的夜景,也相當有人氣。(本航線需預約)

橫濱站東口「橫濱BAY QUARTER」與海上巴士

航行在大棧橋前的海上巴士

Marine Rouge（海紅號）的船體與港
未來 21、紅磚倉庫

海上巴士從帷子川河口駛進橫濱港

與拖曳船等在橫濱港工作中的船隻相遇

左←遇見正離岸出
港的日本最大型客
船「飛鳥 II」

右→停泊於山下公
園碼頭的海上巴
士。後方為冰川丸

📍 （橫濱站東口巡航站）橫浜市神奈川區金港町 1-10 橫濱 BAY QUARTER 2F

📞 045-671-7719

🕐 海上巴士：橫濱站東口發船 10:10 ～ 18:05（4 ～ 12 月為 ～ 19:35 末班）（Marine
Shuttle、Marine Rouge 請確認官網）無公休日（可能因為天氣等因素停運或變更）。

💴 海上巴士：橫濱站東口～山下公園成人 700 日圓、兒童 350 日圓、紅磚碼頭～山下公園成人
350 日圓、兒童 180 日圓。海上游船：無供餐 40 分鐘路線 1000 日圓～附晚餐 90 分鐘路線
6000 日圓、Marine Rouge：無供餐 60 分鐘路線 2000 日圓～附晚餐 120 分鐘路線 15000
日圓。工廠夜景航線：3000 日圓。不接受信用卡（海上遊船、海紅號可使用）

🌐 http://www.yokohama-cruising.jp

🔊 外語對應官網──── ✓中文簡體字（PDF） ✓英文（PDF）
　　外語對應導覽手冊──── ✓中文簡體字 ✓英文

看地圖行動條碼

◯ 給台灣遊客的訊息──若您
計劃從橫濱站往山下公園方
向觀光時，歡迎試試從海上
欣賞景色的交通方式。

世界最大的鐵路實景模型「第一鐵模公園」所重現的是巴黎的里昂車站

原鐵路模型博物館

日 原鉄道模型博物館
英 HARA Model Railway Museum

JR線、東急東橫線橫濱站東口步行5分。
港未來線新高島站2號出口步行2分。

展示原信太郎的私人收藏

世界最大規模的鐵路實景模型「第一鐵模公園」絕不容錯過

　　原鐵路模型博物館位在JR橫濱站東口的30層高的橫濱三井大樓的2樓。這裡展示的鐵路模型，是世界知名的鐵路模型製作・收藏家原信太郎的收藏品。重現了在鐵路從蒸氣火車到電氣火車的高度發展時代下，以日本、歐洲、美國為主世界上的鐵路車廂，在約6000輛收藏品中有1000多輛在此展示、運行。

　　在第一展示室可以欣賞到原信太郎所創作的代表作。美麗的木造車廂、連天花板都進行彩繪的歐洲豪華國際列車「東方快車」、存在於朝鮮半島的傳說中的登山列車「金剛山電氣鐵路22號」、顏色和外型都很有魅力的日本木造電車「阪神電氣鐵路系列311EMU」等等都陳列於此，「1號火車頭」則是他在小學6年級時製作的自由型電氣火車。真實重現的車輛構造，就是原信太郎作品的最大特色。

　　在第二展示室中有「古典木造車輛物語」及「日本鐵道的起源物語」等，以八個主題分別進行模型的介紹。在這裡可以讓人感受到鐵路的悠久歷史。在第三展示室中，則有原信太郎因製作模型到世界各國旅行時的記錄，還可以看到信太郎用心愛的攝影機及相機所拍攝的影片及照片。

　　最不容錯過的，是在歐洲的景色中彷彿真的火車在行走一樣，充滿真實感的鐵路實景模型「第一鐵模公園」。約310㎡的面積為世界最大規模。電車是真的以電線桿的電力運行，火車行走時的聲音和鐵軌接縫處的喀喀聲，都和真正的火車沒有兩樣。在「動鐵實習」還可以使用真正的駕駛座，體驗駕駛「第一鐵模公園」的鐵路模型。搭載於模型上的攝影機所拍攝的動畫會顯示在駕駛座前的螢幕，就好像是自己坐在電車上駕駛一樣，非常有臨場感。1天內提供實習的時間為11:30～、13:30～、16:00～的三個時段。每次人數限制為10人，免費參加。

「第一鐵模公園」的全景

真實重現的鐵路實景模型的一角

不只是列車，連人像、建築物、
路燈等都製作精細

實景模型內的立體十字路口

「橫濱實景模型」重現了橫濱的過去與現在

在「第一鐵模公園」裡使用真的駕駛座體驗駕駛火車

在「橫濱實景模型」中運行的 JR 京濱東北線

📍 神奈川縣橫浜市西區高島 1-1-2 橫濱三井大樓 2 樓

📞 045-640-6699

🕐 10:00 ～ 17:00（16:30 截止入館）※ 有時會變動。週四公休（逢假日
則翌日休）、過年期間、檢修期間公休（2 月上旬預定）。

💴 成人 1000 日圓、國／高中生 700 日圓、兒童（4 歲以上）500 日圓。
不接受信用卡。

🌐 http://www.hara-mrm.com

🔊 外語對應官網──✔ 中文繁體字　✔ 中文簡體字　✔ 英文
外語對應導覽手冊──✔ 中文繁體字　✔ 中文簡體字　✔ 英文

📶 ✔ Wi-Fi

看地圖行動條碼

💚 給台灣遊客的訊息──歡迎來
橫濱欣賞全球罕見、作工精細
的鐵道模型。

💚 其他註記事項──有哺乳室、
無障礙空間。

鐵道博物館

中 鉄道博物館
英 The Railway Museum

JR 高崎線、宇都宮線、京濱東北線大宮站搭乘 New Shuttle（埼玉縣新都市交通）3 分，在鐵道博物館（大成）站下車。

展出過去曾經在日本國內活躍的鐵路車廂

不只參觀實際的車廂，還可體驗模擬駕駛

鐵道博物館的前身是距今 90 年以前、1921 年於東京開館的第一代鐵道博物館（爾後的交通博物館），在 2007 年時再次以鐵道博物館的形式遷移至東京北部相鄰的埼玉縣。

新幹線的模型。由左起為東北新幹線「はやぶさ」、秋田新幹線「こまち」、北陸新幹線「かがやき」。各 10500 日圓。

鐵道博物館與 New Shuttle 的鐵道博物館（大成）站直通，走出剪票口後，在高架橋下方的步道上，展示著過去曾經在日本國內運行的 D51 形式蒸氣火車的車頭部份，以及 103 系電車的貨車等。

博物館為 3 層樓建築物，館內相當寬敞。絕對不能錯過的是 1 樓的歷史區。從日本鐵路啟步的 1870 年代到現代的鐵路技術及鐵路系統的變遷及歷史，以各個時代及主題分區作介紹。在各個區域中，展示了述說當時代的真實車廂。有過去活躍於環繞東京中心部一圈的山手線等路線、於 1914 年製造的通勤電車、國鐵（現在的 JR），還有量產的同款車型、於 1934 年製造的電動車，以及特急形電車（モハ 484

1965 年作為畢業旅行使用而登場的 167 系電車

形式），此車型製造於 1965 年，可同時在 60 周波數的西日本與 50 周波數的東日本兩個不同周波數的交流電氣區間運行。展示了此類一直以來支持著日本鐵路的車廂。

位在 2 樓入館區的實景鐵路模型，約 25m×8m 的 HO 軌實景模型是日本國內最大的規模。縮尺 80 分之 1 的在來線車廂、87 分之 1 的新幹線車廂所運行的鐵軌總長度共約 1.4 km。當中也有隧道、橋樑、車站、發電所等與鐵路相關的設施。

另外還有使用與實際車廂相同的駕駛台進行駕駛體驗的駕駛模擬機（部份需付費），還有使用附螢幕簡易駕駛台，可由講師一邊講解一邊體驗駕駛，學習駕駛與安全構造的駕駛體驗教室（付費）等，和小朋友同行的話則有可以自己駕駛火車，繞行長度 1 圈約 300m 的迷你運行列車（付費）。

陳列多台車廂的主要展示的歷史區

活躍於全國各地路線的 C57 形式蒸氣火車

國鐵首次量產的キハ 41300 形式柴油車

活躍於山手線及中央線的ナデ 6110 形式通勤電車

全國電氣化路線中活躍的特急列車 モハ 484 形式

北海道在 1880 年開業時首次使用的 蒸氣火車弁慶號

可以自己駕駛列車的迷你運行列車。車 廂有 8 個種類，繞行一圈為 200 日圓。

有分初級到高級的駕駛員體驗教室。 需時約 40 分 500 日圓

有 80 分之 1 的在來線車廂及 87 分之 1 的新幹線車廂 運行的鐵道實景模型

博物館的外觀與與迷你接駁列車運行的公園區

在館內的日本 食堂中提供 的舊時餐車 豬排咖哩 900 日圓

📍 埼玉縣さいたま市大宮區大成町 3-47

📞 048-651-0088

🕐 10:00 ～ 18:00（17:30 截止入館）。週二（假日、春假、暑假等期 間有時會開館）、過年期間為公休日。

💴 成人（大學生以上）1000 日圓、國／高中／小學生 500 日圓、3 歲 以上學齡前兒童 200 日圓。不接受信用卡。

🌐 http://www.railway-museum.jp

🔊 外語對應官網——☑ 中文簡體字 ☑ 英文
外語對應導覽手冊——☑ 中文簡體字 ☑ 英文

看地圖行動條碼

可以親自動手遊玩的參加型博物館

展示開業當時的車廂，還可以模擬駕駛電車

這裡是活用了鐵路高架橋下的空間，由東京地鐵經營的地下鐵相關博物館。地鐵誕生在距今 150 年前、1863 年的倫敦，而日本最早的地下鐵則是在 1927 年 12 月 30 日開通的上野－淺草之間長 2.2 km 的路段。

進入博物館前先在自動售票機購買入場券，再和車站一樣從自動剪票口進入。館內分為幾個區域，第一個區域「地下鐵的歷史」中央展示的紅色車廂，是二戰後第一台丸之內線 301 號車。黃色則是東洋第一台地下鐵車廂。車站月台重現了當時的上野站。連當時車內的乘客也以人偶重現。丸之內線開業於 1954 年。據說車廂是模仿當時紐約地鐵的最新型車廂。在這個區域中的角落放置著催生日本地下鐵、被稱為「地下鐵之父」的早川德次的胸像。

在「建設地下鐵」區域中，介紹了隧道建設方式及建造技術。在「守護地下鐵」區域中，介紹了以綜合指揮所的指揮體驗為中心，使地下鐵能夠安全運行的架構。在「日本與世界的地下鐵」區域中，則介紹了日本全國地下鐵及全世界的地鐵。

最受歡迎的是「地下鐵樂園」中的千代田線駕駛模擬機。在前方播放著實景影像，可以在和真正電車一樣的駕駛座操作，還能感受到駕駛中的搖晃。其他還有銀座線、有樂町線、東西線的模擬機（皆為免費）。在地鐵模型區中，介紹東京地鐵的各路線模型電車在東京地下運行的模樣。地鐵模型區搭配著解說，1 天內進行 11 時、13 時、14 時、15 時 30 分的 4 次。

上↑地下鐵丸之內線開業的 1954 年當時的 301 號車
下↓ 1927 年日本第一台地下鐵車廂 1001 號車

重現當時乘客模樣的地下鐵車廂 1001 號車的車內

左＆右←東京地鐵的模型電車交錯的地下鐵全景模型

左←在館內放置了日本地下鐵創設者早川德次的胸像

右→1分鐘迴轉4分之3圈，進行地下挖堀的潛盾機

在地下鐵開業當時（1927年）所使用的自動剪票機

有4台駕駛模擬機可免費體驗

共有七種顏色的兒童用原創T恤（1230日圓）

📍 東京都江戶川區東葛西 6-3-1 東京地鐵東西線葛西站高架橋下

📞 03-3878-5011

🕐 10:00 ～ 17:00（16:30 截止入館）。週一（逢假日則翌日休）、過年期間為公休日。8 月的第 2、3 週一開館。

💴 成人（高中生以上）210 日圓、兒童（4 歲以上）100 日圓。不接受信用卡。

🌐 http://www.chikahaku.jp

🔊 外語對應導覽手冊——☑ 中文簡體字　☑ 英文

看地圖行動條碼

💟 其他註記事項——有哺乳室、無障礙空間。

SKY HOP BUS

東京站丸之內南口步行 3 分（丸之內三菱大樓售票中心）

SKY HOP BUS 的標誌

搭乘露天巴士享受極佳視野

都心觀光路線內可自由上下車的觀光巴士

東京都內的觀光雖然搭地下鐵很方便，缺點就是無法欣賞風景。這時候受觀光客歡迎的就是 SKY HOP BUS。這個巴士有以下 3 個特色：一、屬於觀光巴士卻非包車，可以像一般巴士一樣隨時搭車。二、1 日券（24 小時）在有效時間內，可以在路線上的巴士站自由上下車。三、無屋頂的敞頂型巴士，視野極佳。路線有淺草・東京晴空塔線、台場線、六本木・東京鐵塔線等 3 種。巴士內有以耳機提供的語音導覽（日／中／英／韓）。將免費發送的耳機插進座位的耳機孔，選擇語言後 GPS 就會探測巴士的位置，自動播放語音導覽。

另外也有不會中途停車，可以單純從車窗欣賞風景的 SKY BUS TOKYO。推薦給時間較不充足的遊客。

只要是 SKY HOP BUS 的停車站都可以自由上下車

奔走在六本木欅坂上的巴士。紅色車體和大大的藍色 SKY 文字。

夜晚的銀座四丁目。將語音導覽的耳機插入連接在前方座位椅背上的黑色盒子上。

渡過東京灣彩虹大橋的巴士。採敞頂式（沒有車頂），相當愜意。

淺草雷門前的巴士。有東京都心觀光景點的 3 條路線。

東京都千代田區丸の內 2-5-2 三菱大樓 1 F（丸之內三菱大樓售票中心）

03-3215-0008（9:30 ～ 18:00）

9:30 ～ 18:40（首發的丸之內巴士站）。無公休日。

1 日券（24 小時有效）成人 3500 日圓、兒童（6 ～ 11 歲）1700 日圓（例：在下午 2 時購買 1 日券，可使用至隔天下午 2 時）。不接受信用卡。

http://skybus.jp

外語對應服務人員——☑ 英文
外語對應官網——☑ 中文簡體字
外語對應導覽手冊——☑ 中文繁體字　☑ 中文簡體字　☑ 英文

☑ Wi-Fi ※ 需事先在網頁登錄

看地圖行動條碼

給台灣遊客的訊息——SKY HOP BUS 是可以自由巡遊東京主要觀光景點的露天巴士。在有效期限內可多次上下車，拍照景點、美食、購物等，請盡情享受多樣風貌的東京。

其他註記事項——無車頂的露天巴士在下雨時會發放雨衣，敬請放心搭乘。乘車券是在發車的丸之內三菱大樓售票中心銷售，若為中途上車，則請向車內的服務員購買。

商圈、街區 TOKYO

阿美横丁

日 アメ横丁　　**英** Ameyoko

JR 上野站不忍口步行 1 分、御徒町站北口步行 1 分。東京地鐵銀座線、日比谷線 7/5a/5b 號出口步行 3 分、銀座線上野廣小路站 2 號出口步行 3 分。京成線上野站步行 1 分。

JR 上野站側的入口拱門

充滿人情味的東京國際市場

從生鮮食材到進口商品，各種商品都能以低價格入手的庶民市場

年底時會擠滿前來購買新年用品的客人，是阿美橫丁商店街最讓人熟悉的景象。近幾年外國觀光客人數增加，街道連在平日都充滿活力。走在街道上，可以看到不少用著不完整的日文和比手劃腳與商店交涉著的外國人。因為這裡是從成田空港搭乘京成電鐵的轉乘站，據說有不少觀光客將阿美橫丁列為到日本觀光最先造訪的地點，一下飛機就直接先來這裡。

阿美橫丁商店街指的是上野站到御徒町站之間高架橋下、阿美橫丁中央大樓，以及兩者之間的阿美橫丁通。這裡起源於二戰之後的黑市，在現在這個狹小的區域內聚集了約 400 間商店，極為熱鬧。

在阿美橫丁通有很多食材相關的商品。有巧克力店志村商店、切盤水果百果園、鮮魚及海產品的清水水產・三幸商店、餅乾的二木等商店。而在阿美橫丁中央大樓側邊，則有中國、台灣等亞洲風味攤販，頗受到觀光客好評。另外也推薦中央大樓地下的食品館。一些在外面買不到的異國食材非常受歡迎。

遊客眾多、熱鬧的阿美橫丁中心。中央為阿美橫丁中央大樓。

JR 高架橋下方在上野側有 AMEYOKO PLAZA，在御徒町側則是 Welcome Mall，其中有許多進口商品、皮革製品、化妝品、珠寶等充滿個性的商店。對第一次到訪的人來說就好像是進到了迷宮一樣，讓人激起探險的心情。在周邊也聚集很多餐飲店來滿足購物客的胃。幾乎都是便宜又份量十足的餐廳。而居酒屋更是從白天就高朋滿座。好像身在亞洲市場裡的阿美橫丁，往更加國際化變身中。

阿美橫丁中央大樓的地下為食品街。是中華、韓國、亞洲等珍貴食材的寶庫。

切盤水果 100 ～ 200 日圓 總是門庭若市的百果園 上野第 1 店。
台東區上野 6-10-13／03-3832-2625／10:00 ～ 19:00，週三公休。

小籠包、肉包、羊肉串等速食攤販越來越多，很受觀光客好評。

モーゼスさんのケバブ（Moses 的土耳其烤肉），附飲料 600 日圓。台東區上野 4-7-8／03-3837-4774／9:00 ～ 21:00，不定休。

志村尚店的巧克力叫賣到現在也是阿美橫丁的代表風景。台東區上野 6-11-3／03-3831-2454／9:30 ～ 18:30 無公休。

餅乾的殿堂二木の菓子ビック館。不但低於市價，大量購買更划算。台東區上野 4-6-1／03-3833-4051／10:30 ～ 19:30，無公休。

要買知名化粧品的話就要來シルクロード化粧品パート IV（Silk Road cosmetics ＂ PART IV ＂）。台東區上野 4-6-11／03-3836-1706／10:00 ～ 19:00，1 月 1 日公休。

這個大小的鰤魚竟那麼便宜

左←由肉店所經營的洋食店肉の大山。每道菜色都是價格合理又份量滿分。 台東區上野 6-13-2／03-3831-9007（營）11:00 ～ 23:00（週日及假日～ 21:30、LO 為打烊前 1 小時），1 月 1 日公休。
右→豪華的大山特選綜合特製午餐 1580 日圓

詢問單位——阿美橫町商店街聯合會
東京都台東區上野 6-10-7 AMEYOKO PLAZA 3F

03-3832-5053

9:00 ～ 19:00（各店不同）。無公休日。

http://www.ameyoko.net

外語對應服務人員——可透過電子郵件（ass@ameyoko.net）詢問。

看地圖行動條碼

其他註記事項——欲使用洗手間，建議到附近的百貨公司及車站。

澀谷

日 渋谷　英 SHIBUYA

JR山手線、成田特快線、埼京線、東急東橫線、東急田園都市線、京王井之頭線、東京地鐵銀座線、半藏門線、都營地下鐵副都心線。

年輕人聚集的澀谷因做為流行時尚發源地而充滿人氣。但是最近以車站為中心，進行費時10年的大規模重新開發，新的景點不斷誕生。這些新的設施多帶有「成熟」的意念，讓「大人也喜歡的街道」這個新浪潮也慢慢擴散到整個澀谷。開始展露多樣風貌的澀谷，正變身為廣泛世代皆可享樂其中的街道。

能量十足地傳播年輕人文化

年輕人聚集的街道也開始出現變化徵兆，逐漸變身為成熟的澀谷

左上↖澀谷的地標「忠犬八公」像。是人氣的會合點
下↓澀谷站前的十字路口。週末時行人會更加混雜

時尚氣氛的澀谷公園通──
坡道兩側的路樹一直延伸至 NHK、代代木公園，和中央街附近有著不一樣的時尚、成熟氣氛。

公園通的坡道途中的十字路口

最新的流行大樓「Shibuya MODI」是以 30～40 多歲客層為主的複合商業大樓，也有書店、唱片行的樓層

澀谷 109 全是令人嚮往的品牌，是辣妹時尚的聖地。📍 澀谷區道玄坂 2-29-1／10:00～21:00（7F 為～22:00），元旦公休。

持續重新開發的未來系澀谷──
車站周邊的綜合開發下，不斷大幅度改變面貌的區域。現正進行大規模的工程當中。

Shibuya Hikarie◆餐廳、雜貨、甜點的樓層外，還有電影院、藝廊等的複合商業設施。📍 澀谷區澀谷 2-21-1／商店 10:00～21:00、餐廳 11:00～23:00（7F 為～23:30），元旦公休。

看地圖行動條碼

散播年輕人文化的澀谷中央街

澀谷這個年輕人的城區當中，特別多年輕人聚集的地方就是澀谷中央街。別名為「籃球街」。快速時尚的大型店舖、排隊的餐飲店等，有眾多很受年輕人歡迎的商店，會一直熱鬧到深夜。

從十字路口進入中央街

文房具カフェ
Bunbougu Cafe

文具店和咖啡廳合而為一
可以瀏覽個性風文具，同時自在小憩的商家

由文具用品批發商所經營的複合式商店，結合文具店和咖啡廳，在日本也很難得一見。店內陳列的文具用品，與只講求功能、單純的辦公用品有所區隔，樣樣都是「想長久使用」、「操作起來很有趣」、「設計很有意思」的商品。商品以日本製的品項為中心，也有國外的產品。咖啡廳的部分，白天主要供應飲料、甜點等，也有午餐菜單；晚上還供應酒水。在表參道逛街時，非常推薦來這家店稍作休息。

左←入口／1樓位在 SevenEleven 的大樓地下
右上↗內觀／像是包圍咖啡座的桌席般地陳列各種文具用品

文具百匯（上頭的配料隨季節變動）。餅乾呈剪刀和三角板的形狀，還附贈地瓜樣子的橡皮擦。993 日圓

酪梨豆乳起司蛋糕、附蜂蜜和義大利香醋。842 日圓

📍 詢東京都涉谷區神宮前 4-8-1　內田大樓 B1

📞 03-3470-6420

🕐 10:00～23:00（L.O.22:00）無休（過年期間）

💴 可使用信用卡　不接受銀聯卡

🌐 http://www.bun-cafe.com

🔊 外語對應服務人員──☑ 英文

📶 ☑ Wi-Fi

🚇 東京地鐵銀座線、半藏門線表參道站 A2 出口步行 5 分

淺草

中 浅草　英 Asakusa

東京地鐵銀座線淺草站 1 號出口步行 1 分、都營地下鐵淺草線站 A4 出口步行 3 分、東武晴空塔線淺草站步行 5 分。

全世界的淺草

每天都像廟會一樣熱鬧的淺草，
來一趟和食、洋食、工藝品的老店巡禮

淺草的地標雷門前總是聚集大量的觀光客

對來到東京的外國觀光客而言，淺草是一定要來的景點。在淺草的地標雷門的前面，來自全世界的觀光客們忘情拍攝紀念照。各種語言交錯著，想要找到日本人甚至反而比較困難。在雷門前的淺草文化觀光中心可以取得地圖及情報。

鑽過雷門的大燈籠，就是伴手禮商店林立的仲見世。這條淺草寺的參拜道路，熱鬧的景象是始自江戶時代。走到仲見世的盡頭就是淺草寺的境內。本堂附近也是一整天都相當熱鬧。

大部份的觀光客在看完淺草寺就滿足地轉身走回頭，但如果有時間的話，在淺草寺周邊走一走吧。有很多老店林立的新仲見世通、特色店家林立的傳法院通也相當有趣。陳列著日本明星手印的淺草公會堂、從白天就客座滿堂的餐飲街法被通等等，淺草的面貌實為多樣。想和小朋友一起玩的話，則推薦溫馨的遊樂園淺草花屋敷（→ p.20）。

淺草也是美食之街。而且有很多歷史悠久的老店都聚集在這裡。比如說鰻魚料理的初小川、牛肉火鍋的米久、紀文壽司、蕎麥麵有並木藪，洋食則有神谷バー等等。甜點的話有舟和、梅園，蛋糕有 Angelus 等，不盛枚

伴手禮商店及速食店林立，仲見世每天都像是廟會

據說沐浴在本堂前大香爐的煙霧中，可以保祐無病無災

舉。伴手禮的話，有やげん堀的辣椒粉、黑田屋的和紙、染之安坊的手巾等。

淺草在一年四季的活動也很多樣。春季有隅田公園的櫻花和三社祭。夏季有酸漿果市及森巴舞嘉年華、秋季有白鷺舞，年底有羽子板市，最後是新年參拜。可以配合這些活動來訪也不錯。

外觀／樓上有飯店進駐的「東京樂天地大樓」1～4 樓就是「Marugoto Nippon」

Marugoto Nippon
まるごとにっぽん

這裡是購買日本各地伴手禮的好地方——東西南北，全日本的好滋味和技藝都在淺草大集合

「Marugoto Nippon」原本只是到淺草觀光時會順便經過的物產館，展售日本各地的食品和工藝品，後來漸漸成為淺草的新景點。「Marugoto Nippon」共佔該建築物裡的 4 個樓層，1F 的主題是「日本美食」，網羅諸多東京的超市和百貨公司裡也難得一見的各地食材，也有可外帶的小吃。2F 主題為「生活中的道具」，樓層裡滿滿都是日本人的生活智慧，從適合作為伴手禮的雜貨類，到展現大師手藝的工藝品等，光是逛逛就很有趣。3F 則是以「體驗與觀光推廣」為題，不僅有全日本 20 個自治體的觀光物產推廣區，還有戶外露臺，天氣晴朗時是個不錯的歇腳地點。4F 則是「食堂街」，在這裡聚集了大阪燒、和牛牛排、內臟鍋等 7 家餐廳。

「Marugoto Nippon」的所在地稱為「淺草六區」，從以前就是演藝廳和庶民餐飲店雲集的地方，散發濃濃的東京老街氛圍。

1F ／匯集日本各地食材、食品的 1 樓

2F ／網羅工藝品、雜貨等道具類的 2 樓

3F ／日本各地的觀光推廣區

📍 東京都台東區淺草 2-6-7

📞 03-3845-0510

🕐 1F ～ 2F 的商店、3F 觀光推廣區 10:00 ～ 20:00、4F 食堂街 11:00 ～ 23:00（L.O.22:00）無休（有臨時休館日）

💴 可使用信用卡　不接受銀聯卡

🌐 https://marugotonippon.com

🔊 外語對應官網—— ✔ 英文
外語對應導覽手冊—— ✔ 英文

📶 ✔ Wi-Fi

🚇 東京地鐵銀座線、都營地下鐵淺草線淺草站步行 8 分。東武晴空塔線淺草站步行 7 分。TSUKUBA EXPRESS 淺草站步行 1 分。

東京最尖端的時尚區域
不斷孕育出嶄新文化，走在流行尖端的高品味城區

　　綠蔭大道旁高級精品店林立的表參道，和滿溢著少女們活力的竹下通。兩個不同個性的區域長時間共存，傳達著各自的文化。在這個區域不斷有話題性的商店和咖啡廳出現，隨時都走在潮流的最前端，一刻也不容錯過。

外觀古典的 JR 原宿站

1920 年創建的明治神宮。在大安吉日可能還能看到日式婚禮的隊伍

讓少女們嚮往的街道
——竹下通

有來自 10 多歲少女們壓倒性支持的流行服飾街。這個彌漫著可麗餅甜甜香氣的街道，一到週末甚至會熱鬧到難以前進。

看地圖行動條碼

MARION CREPES
◆最早提供來自法國可麗餅的商店就是這裡。在竹下通附近有很多可麗餅店。

色彩豐富的流行商店林立的竹下通

CUTE CUBE HARAJUKU ◆這裡有受女生歡迎的二手衣店「SPINNS」等 10 間商店。
📍 涉谷區神宮前 1-7-1／10:00～20:00（3F 為 11:00～21:00）／不定休

散發成熟氣氛的區域——表參道

連接原宿與青山兩個區域的大馬路就是表參道。在欅木路樹的兩側林立著國內外的高級品牌商店。想要享受高質感的購物，這個區域最適合了。在聖誕節時期在路樹會裝上燈飾，美景更加昇級（→p.32）。

看地圖行動條碼

表參道的欅木大道也是東京都內最美麗的道路之一

表參道 Hills ◆為了路樹而刻意降低建築物高度的高品味購物中心。流行服飾、家飾品、雜貨等商品外還有咖啡廳、餐廳也很豐富。📍 澀谷區神宮前 4-12-10／商店 11:00～21:00(週日～20:00)、餐廳～22:30、咖啡廳～21:30／無休（一年有 3 天休館日）

Laforet 原宿 ◆不定期舉行流行服裝秀或藝術展等，是代表原宿的文化據點。在 2015 年重新整修後有多間新商店開幕。📍 澀谷區神宮前 1-11-6／11:00～21:00／無休

Garrett Popcorn Shops ◆ 誕生於美國芝加哥，65 年來深受喜愛的爆米花店。📍 澀谷區神宮前 1-13-18／10:00～21:00／不定休

安藤忠雄設計的建築風格也值得一瞧。光是在館內步行也很有趣

KIDDY LAND 原宿 ◆ 收集了 Snoppy、Hello Kitty、拉拉熊等國內外角色人物周邊商品的玩具店。📍 澀谷區神宮前 6-1-9／11:00～21:00、週六日及假日 10:30～／不定休

東急 PLAZA 表參道原宿 ◆包含了 iPhone/iPad 在日本最大的商店、風格特別的商店及餐廳的大型商業設施。📍 澀谷區神宮前 4-30-3 ／ 11:00～21:00、6 & 7F 為 8:30～23:00／不定休

とんかつまい青山本店 ◆創業於 1965 年的炸豬排名店。在本店除了挑高天花板、摩登氣氛的西洋館，還有舒適放鬆的和室。📍 澀谷區神宮前 4-8-5／11:00～22:00 (L.O)／無休

新宿

日 新宿　英 Shinjyuku

JR 山手線・中央線・總武線・埼京線・湘南新宿線、東京地鐵丸之內線、都營地下鐵新宿線、西武新宿線的新宿站

霓虹燈光閃爍的歡樂城區
白天晚上都好玩，美食與娛樂的街道

　　隔著 JR 山手線的鐵路，大致分為東、西兩側的新宿街區。在西側為林立的高層大樓，在東側則是百貨公司、餐飲店密集的繁華商店街。再往裡面走，就會連接到以日本最大歡樂街而知名的歌舞伎町。在這個不分白天夜晚都很熱鬧的城市，留有昭和氣氛的角落也散布其中。另外還有很多電影院、演藝廳等，除了購物之外，娛樂活動及飲食也能很盡興。

看地圖行動條碼

熱鬧的購物區域──新宿東口

　　在這個區域中，於正面大馬路上有百貨公司的伊勢丹，以及紀伊國屋書店、洋食的中村屋、水果咖啡廳的高野等傳承著新宿歷史的老店。在大馬路的後面小路也有密布的餐廳及商店。

家電量販店 BIC CAMERA 與服飾店 UNIQLO 所合體而成的「ビックロ」

逃過東京大空襲大火的老字號百貨公司伊勢丹

太肉麵 980 日圓，加了滷到軟嫩的豬肉

新宿中村屋◆餐廳＆咖啡廳「Manna」◆1901（明治 34）年以麵包店形式創業。在 1927（昭和 2）年設立咖啡廳時推出的純印度式咖哩飯大受好評。◉新宿區新宿 3-26-13 新宿中村屋大樓／11:00～22:00（週五、六、假日前一天為～22:30）

桂花末廣店◆將發源自九州的豚骨拉麵帶進東京的熊本老字號拉麵店。光是在新宿就有 4 間分店。◉新宿區新宿 3-7-2／11:00～23:15、週五為～翌日 3:30、週日為～22:00／無休

現在仍是中村屋招牌的純印度式咖哩 1620 日圓（含稅）

高樓大廈樓林立的新都心——西新宿

高層大樓不斷興建中，西新宿漸漸發展為新都心的商業區。位於高層大樓的高樓層餐廳，每一間都有絕佳的視野。建議可以邊欣賞夜景邊享用晚餐。在野村大樓及新宿住友大樓有免費的瞭望廳。

西口的站前廣場。有京王、小田急2間百貨公司，和大型的家電量販店

隔著綠蔭路樹就是高層大樓林立的西口區域

新宿思い出横丁
◆位在近代感十足的西口附近，這裡有如身在另一個世界。裡面有多間小巧的居酒屋，漂散著濃厚的昭和時代的風味。

東京最大級的夜晚繁華城——歌舞伎町

過去是充滿居酒屋、牛郎店、酒店等的娛樂區，在劇場街重新開發後，怪獸電影英雄哥吉拉的實體大模型出現在大樓的屋頂上。也設置了大型影城，讓白天的客人急速增加。時尚且明亮的地方漸漸變多了。

從 BONJOUR 的露台近距離看到的「哥吉拉頭部 GOODZILLA GEAD」

Cafeterrasse BONJOUR ◆歌舞伎町的新著名景點——新東寶大樓中的飯店咖啡廳。為了一睹設置在露台的哥吉拉，每天都聚集了不少哥吉拉粉絲。📍 新宿區歌舞伎町 1-19-1 格拉斯麗新宿酒店 8F／6:30～21:00／無公休日 ※週六日、假日在 1F 的大樓入口會發號碼牌。1 次人數 40 位、90 分鐘清場制。

從江戶時代以來一直守護著新宿的守護神‧花園神社。以藝能之神吸引不少信眾，在每年 11 月的酉之日舉行的酉之市非常熱鬧。

在二戰之後誕生的餐飲街‧新宿黃金街。在狹小的巷子裡酒吧及居酒屋緊緊相鄰著。

秋葉原

日 秋葉原　英 Akihabara

JR 山手線・京濱東北線・總武線秋葉原站、東京地鐵日比谷線秋葉原站、銀座線末廣町站、TSUKUBA EXPRESS 秋葉原站。

現在已經是世界標準的 A・KI・BA

動畫、電玩、IT 商品及萌系商品 etc。
偉大的次文化聖地・秋葉原

面對中央通的大型電器行及娛樂設施林立

秋葉原是指昭和通、神田川、昌平橋通、藏前橋通所圍起的區域，在正中間是週日開放作為行人徒步區的中央通。在這裡集中了電器製品、電玩和動畫等次文化，以及餐飲店及 LIVE HOUSE 等，大大小小許多商店，在這裡走上 1 整天也不會膩。但是其中有很多不適合小朋友的商店，需特別注意。

讓人想探訪一下的地方，漫畫和動畫的話有東京動畫中心、ANIMATE、MANDARAKE 等。電玩軟體的話則可到 SOFMAP、LIBERTY 的各分店。收集了精緻模型人偶的海洋堂、陳列多台扭蛋機的ガチャポン會館也很特別。想去角色人物咖啡廳的話，以 AKB48 CAFE&SHOP 和附近的 GUNDAM CAFE 最有人氣。想享受演唱會的話，則有如 AKB48 劇場等充滿樂趣的景點。

內有 AKB48 劇場的唐吉珂德大樓

秋葉原的美食餐廳也多到嚇人，種類也大有不同，完全不怕沒有選擇。光是拉麵店就有 40 間以上。其他還有可以購買到日本優質商品的ちゃばら（CHABARA AKI-OKA MARCHE）、過去萬世橋站的舊址變身為成購物中心的 mAAch ecute 等，盡是讓人想一訪的景點。

位於秋葉原 UDX 2 樓露台的 AKIBA_INFO. 為觀光服務處

以興趣、角色人物周邊商品為中心的 AKIBA ☆ SOFMAP 2 號店

AKB48 CAFE&SHOP。
附近即是 GUNDAM CAFE

動漫畫就請到 ANIMATE

大樓的牆壁也充滿萌味

HOBBY LOBBY 東京◆以精緻的人偶及模型而出名的海洋堂的直營店。◙ 千代田區外神田 1-15-16 秋葉原 Radio 會館 5 樓／03-3253-1951／11:00 ～ 20:00／不定休

秋葉原ガチャポン會館◆ 店內滿是充滿驚奇的扭蛋機。◙ 千代田區外神田 3-15-5／03-5209-6020／11:00 ～ 20:00（週五、六、假日前一天～ 22:00、週日、假日～ 19:00）／無休

看地圖行動條碼

♡ 其他註記事項——身障者使用、多功能洗手間除 JR 秋葉原站之外，在 YODOBASHI CAMERA、秋葉原 UDX 等大型商場亦有設置。

九州拉麵的老店「じゃんがら」熱鬧的店面

CHABARA AKI-OKA MARCHE。內有收集了全日本逸品的日本百貨店食品館。（→ p76）

自由之丘

日 自由が丘
英 JIYUGAOKA

🚃 東急東橫線、大井町
線自由之丘站。

喜歡甜點的人非來不可

在閑靜的住宅區中坐落著雜貨及甜點的商店

自由之丘是已成為「時尚城市」代名詞的人氣住宅區。以小巧的車站為中心，在寧靜的街道兩側散佈著時尚的商店、餐廳、咖啡廳。這個城市也以「甜點城市」而聞名。原本是因為和洋菓子的名店誕生於自由之丘，近年加上活躍於世界上的超級甜點師傅也陸續在這個城市展店，使得閑靜的住宅區中四處都是著名的甜點名店。而反映了附近居民的品味，高流行感度的服飾店和生活雜貨的商店也增加了，而造就了這個奢華又高質感的城市。

時尚雜貨的寶庫

時尚區的元素，就是散布其中的高品味雜貨商店。有從想應用至日常生活中的家飾雜貨，到興趣的領域，整個城市到處都有商品多樣的雜貨商店。

以水都威尼斯的街景為意念的購物商場「LA VITA」。在運河旁的洋樓是一間間時尚的商店

伊織◆今治毛巾的特產直銷商店。店內有愛媛縣今治的17家廠商的製品及原創的設計。📍世田谷區奧沢 5-27-11／11:00～20:00／無休（僅正月的2天）

IDÉE SHOP Jiyugaoka◆家飾&雜貨的 IDEE 的旗艦店。有豐富的原創家具及家飾雜貨。📍目黑區自由が丘 2-16-29／11:30～20:00（週六日、假日為11:00～）／不定休

LUPICIA 自由之丘本店◆收集全世界的紅茶、中國茶、日本茶等茶葉，傳達茶的文化。附設可以品賞各種茶的茶沙龍。📍目黑區自由が丘 1-25-17／8:00～21:00／不定休

調合日本綠茶及阿薩姆紅茶的「自由が丘 Jiyugaoka」。罐裝 50g1080 日圓

東京都內首屈一指的「甜點」之城

從長期受到當地居民喜愛的老店，到在世界上百經磨練的新銳西點師傅所開的店，自由之丘在東京都內是首屈一指的甜點激戰區。在車站前熱鬧的商店街中，和散發著高級感的住宅區中，到處都有極為優秀的西點名店。

如童話般的樓層中有一間又一間的甜點店

Sweets Forest◆這個以甜點為主題的樂園，有多位超級點心師傅大展身手。在同一樓層中有可麗餅、舒芙蕾、鬆餅等 8 間商店，有多類型的甜點可供選擇。📍目黑區綠が丘 2-25-7　La COUR J. 自由之丘 1F～3F／10:00～20:00／無休（僅休 1 月 1 日）

自由之丘 MONT-BLANC◆創業 80 年以上，蛋糕中的基本款・蒙布朗發祥的老字號西點店。附設咖啡廳。📍目黑區自由が丘 1-29-3／10:00～18:40(L.O)／無休

使用日本國產栗子的人氣蒙布朗

龜屋万年堂總本店◆昭和 13（1938）年創業於自由之丘的和菓子老店。在自由之丘站前也有店舖。📍目黑區自由が丘 1-29-3／10:00～18:40(L.O)／無休
代表性點心 NAVONA。基本的奶油起司口味外，還有使用時令水果的期間限定商品。1 個各 150 日圓

チュベ・ド・ショコラ◆巧克力片專賣店。白巧克力中有水果乾的巧克力片 100g400 日圓

Mont St. Clair◆世界級頂尖西點師傅辻口博啓的西點店。以造就甜點之城自由之丘的先驅而聞名。📍目黑區自由が丘 2-22-4／11:00～19:00／週三公休（有臨時店休）

自由が丘ロール屋／使用和風及當季的素材製作的蛋糕捲專賣店。📍目黑區自由が丘 1-23-2／11:00～19:00／週三、第 3 週二公休

看地圖行動條碼

🌐 http://www.jiyugaoka-abc.com　　🔊 外語對應官網── ✔中文繁體字　✔中文簡體字　✔英文

吉祥寺

- 日 吉祥寺
- 英 KICHIJOJI
- 🚇 JR中央線、總武線、京王井之頭線 吉祥寺站

看地圖行動條碼

公園綠意盎然的熱門城區

光是步行其中就是享受，大都市中的療癒地點

在東京「最想居住的城區」中總是排名前幾名，相當有人氣的吉祥寺。以JR的鐵路為界，北口側有大型購物商場及室內的商店街等，是熱鬧的購物區域。有大型超市及家電量販店等因應居民需求的豐富設施。而另一側的南口，則是有大片綠地、療癒身心的區域。有被深邃樹林所包圍的井之頭恩賜公園，以及可以見到小動物的自然文化園。從車站到公園的路程上，是雜貨商店及時尚的咖啡廳林立、讓人心情愉快的散步道。建議可以先在公園的池塘划划船、看看動物，渡過悠閒寧靜的時光後，再移動到北口盡情購物。

atré 吉祥寺◆和吉祥寺站共構的大樓。從地下1樓到2樓，長型的樓層裡有多間商店、餐廳、生鮮超市等。 📍 武藏野市吉祥寺南町 1-1-24／商店 10:00 ～ 21:00、餐廳 11:00 ～ 23:00／無休

綠意與水的療癒區域──吉祥寺站南口

穿越南口站前的紅綠燈，從丸井旁邊進入七井橋通，悠閒地走到井之頭恩賜公園大約是10分鐘。一邊瀏覽著路上兩側的個性商店，漫步往公園走去。

從吉祥寺站南口通往井之頭公園的七井橋通

烤雞肉串的名店·いせや總本店。以木炭火烤的雞肉串共有 11 個種類，1 串 80 日圓。

井之頭自然文化園◆以山羊、土撥鼠等小動物為主，很悠閒的動物園。在東側有飼養水鳥等的水生物館。 📍 武藏野市御殿 1-17-6／9:30 ～ 17:00（入園者～ 16:00）／週一（遇假日則翌日休）、過年期間／成人 400 日圓、中學生 150 日圓、65 歲以上 200 日圓

井之頭恩賜公園◆以井之頭池為中心廣布著16000 棵樹木，是附近居民休憩的公園。250株老櫻花樹環繞著水池，春天時吸引賞花客前來，非常熱鬧。 📍 武藏野市御殿山 1-18-31／自由入園／井之頭池的天鵝船為 1 小時 700 日圓（9:30 ～ 16:50）

Café du lièvre うさぎ館◆蕎麥粉的法式薄餅頗受好評的咖啡廳。位於公園裡弁財天的附近。

家庭客層很有人氣的購物區——
吉祥寺站北口

LOFT、PARCO、東急百貨等，大型百貨公司聚集的購物區域。因為是受家庭客層歡迎的區域，有很多適合小朋友同行的餐廳。

以北口商店街為中心，與從車站前筆直延伸的太陽道（SUNROAD）交錯的鑽石街（DAIYAGAI）。在這附近有密集的商店及餐飲店

ハモニカ橫丁。從車站北口的前方一片由小巷子組成的區域，約有 100 間商店聚集。有乾貨店、醃漬物專賣店等創業於昭和初期的商店。

Colonial Garden ◆位在頂樓花園中的義大利餐廳。最有人氣的是熟成牛的牛排。📍 武蔵野市吉祥寺本町 1-11-5 coppice KICHIJYOUJI A 館 3F 空中庭園內／11:00～23:00(L.O～22:00)／無休（有臨時休業）

吉祥寺さとう◆每天都是大排長龍的牛肉專賣店。招牌菜色是元祖炸肉餅。一起鍋馬上就銷售一空。📍 武蔵野市吉祥寺本町 1-1-8／10:00～19:00／無休（僅正月6天）

元祖炸肉餅 1 個 220 日圓（5 個以上則為 180 日圓）

小ざさ◆為了 1 日限量 150 條的羊羹，總是大排長龍的人氣和菓子店。紅豆羊羹 1 條 675 日圓，一人限購 3 條。📍 武蔵野市吉祥寺本町 1-1-8／10:00～19:30／週二公休日

紅豆餡與白豆沙的最中也很有人氣。1 個 61 日圓

AMT CAFÉ 吉祥寺◆這裡的法式土司是將長度 30cm 的法國麵包浸泡在牛奶裡，再烤成金黃色。也提供外帶。📍 武蔵野市吉祥寺本町 1-10-1／11:00～20:00(L.O 19:30)／無休。最基本的美式牛奶士司原味 550 日圓

合羽橋道具街

日 かっぱ橋道具街

英 Kappabashi Kichenware Town

東京地鐵銀座線田原町站步行 5 分、東京地鐵日比谷線入谷站步行 6 分。

尋找廚房用品，這條街應有盡有

專業的調理道具、餐具類、店舖用品、裝飾用品，一般客人也可以購買

淺草通上的菊屋橋商店街入口。

合羽橋道具街的的角色人物是傳說中的生物「河童」

在合羽橋道具街裡，與餐飲相關的東西全部都買得到，如菜刀、鍋類的廚房用品，及陶器、磁器、漆器等各式餐具類，以及流理台、冰箱、瓦斯爐、麵包及咖啡的專業用具、包裝用品等，這裡是為了專業人士而存在的商店街。以前有很多商店是婉拒一般顧客的，但現在幾乎是任何顧客都可以購買。在海外也以「Kappabashi」名稱打響名氣，外國人顧客也越來越多。

合羽橋道具街的歷史超過 100 年，約 800 m 的道路兩側有約 200 間商店。最受外國人歡迎的商店有菜刀等刀具店、可作為有趣的伴手禮的食品樣品店，以及咖啡及餅乾、麵包等的專業器具店。

合羽橋道具街的標誌是河童，在很多地方都會看到河童。這是因為日文裡合羽橋的「合羽」與傳說中的生物「河童」為相同的發音。

店內陳列著整排的菜刀

刀具專賣店「かまた刃研社」 台東區松が谷 2-12-6 ／ 03-3841-4205 ／ 10:00 ～ 18:00 ／過年期間公休／ http://www.kap-kam.com/

很受外國人歡迎的龍圖案和牛刀 210mm，45800 日圓

合羽橋道具街建議在平日的白天前往。平日幾乎全部商店營業時間皆為 10:00 ～ 17:00，週日、假日時將近 7 成的商店為店休日。這裡距離淺草搭乘東京地鐵銀座線的話只有一站。步行約 15 分鐘的距離。

食品樣品的「元祖食品サンプル屋」 📍 台東區西淺草 3-7-6／0120-17-1839／10:00～17:30（週日 10:30～17:30）／過年期間公休／http://www.ganso-sample.com/

也有可以自己製作跟真品一模一樣的食品樣本材料組。2057～2880 日圓

小巧的蛋糕其實是磁鐵。
4 個一組 1888 日圓

咖啡器具專賣店「ユニオン（Union）」。據說最近來自台灣的客人持續增加。📍 台東區西淺草 2-22-6／03-3842-4041／10:00～19:00／過年期間、黃金週、盂蘭盆節公休

合羽橋中最有歷史的商店是這間漆器的專賣店「西山漆器」 📍 台東區西淺草 3-24-3／03-3841-8831／9:00～18:00（週六～17:00）／週日及假日公休／http://www.shikki.jp

從木質的高價商品到塑膠製的業務用商品，高低價格皆有。
獨樂塗り飯器 800 日圓

店裡滿滿的是咖啡相關道具及餐具，業務用和家庭用的都有

看地圖行動條碼

📍 給台灣遊客的訊息──合羽橋道具街是餐飲業界的專家聚集的商店街。店員都擁有專業知識，可以協助顧客順利地購物。請實際拿起商品，仔細地確認品質後滿意再購買。

📍 東京都多摩市落合 1-31 詢問單位──東京合羽橋商店街振興組合
東京都台東區松が谷 1～4 丁目、西淺草 1～3 丁目

📞 03-3844-1225

🕐 9:00～17:30。週日、假日為公休日（但約有 30% 的店舖會營業）。

🌐 http://www.kappabashi.or.jp

🔊 外語對應服務人員── ✓ 中文
外語對應官網── ✓ 英文
外語對應導覽手冊── ✓ 英文

📶 ✓ Wi-Fi（部份店家有）

光是走在東京動漫人物街上就讓人興奮不已

東京動漫人物街

- 中 東京キャラクターストリート
- 英 Tokyo Character Street
- 🚉 出 JR 東京站八重洲口（地下中央口）即到。

在 Pokemon 的世界中輕鬆購物的 Pokemon Store。有這裡才買得到的限定商品。

Ultraman Spacium Shooter 1620 日圓 © 日円谷プロ

Ultraman World M78。有好多大人看了也很懷念的超人力霸王商品 !!

在這裡可以買到官方人氣卡通明星的商品！

就在於東京站地下出口旁，電視動畫中知名卡通明星齊聚的人氣景點

站長皮卡丘的布偶 1728 日圓 © 2016 Pokémon.© 1995-2016 Nintendo/ Creatures Inc./ GAME FREAK inc.

　　東京動漫人物街位在東京站八重洲側的商業設施東京站一番街的地下 1 樓，匯集人氣卡通人物商店，備受矚目的景點。

　　除了有 NHK、東京的 5 間電視台的官方商店外，還有 Hello Kitty、拉拉熊、超人力霸王、光之美少女等受小朋友和女性歡迎的卡通明星商店也聚集在這裡。另外也有受大人好評的歌舞伎周邊商品專賣店，親子在這裡都可以逛得很開心。在設施內的活動空間一番廣場中，有時會設置期間限定的角色卡通商店，平常時也會舉行相關的活動，每次去都有新鮮感。

　　東京站一番街裡另外還有集中了東京都內首屈一指的拉麵名店的東京拉麵街、3 間零食大廠直銷商店的東京零食樂園，以及收集了老字號商店的逸品到話題性的甜點，商品多樣大受好評的おみやげ處 TOKYO Me+，吸引了眾多國內外觀光客及購物客，非常熱鬧。

站長 miffy 3240 日圓 © Mercie b v.

miffy style。商品是以作者布魯納的「less is more（更加簡單）」為基礎

在橡實共和國裡有「龍貓」、「魔女宅急便」等吉卜力的人氣作品

龍貓與貓巴士
4320 日圓 ©
Nibariki

在 MOOMIN SHOP MINI 東京站店裡充滿創造
「MOOMIN 生活」的商品

溜溜夾子 864
日圓 © Moomin
Characters TM

TOMICA SHOP。滿滿的 TOMICA 玩
具車。在店裡還有實際模型和遊戲空間

TOMICA SHOP 原創梅賽德斯 - 賓士
Citaro 連接巴士 1080 日圓 © TOMY

東京零食樂園裡有照片中的ぐりこ ・ や kitchen 等 3 間商店

肚子餓時的救星 —— 東京拉麵街也在附近

🏠 東京都千代田區丸の內 1-9-1 東京站一番街內

📞 03-3210-0077

🕐 10:00 ～ 20:00。無休。

💴 可使用信用卡

🌐 http://www.tokyoeki-1bangai.co.jp/street/character

🔊 外語對應官網—— ✓中文簡體字　✓英文
　外語對應導覽手冊—— ✓中文簡體字　✓英文

📶 ✓Wi-Fi

看地圖行動條碼

💗 給台灣遊客的訊息——來到這裡，一定可以遇見你喜歡的卡通明星！！

日本百貨店食品館

日 日本百貨店しょくひんかん
英 Nippon Department

🚃 JR 秋葉原站電氣街口步行 1 分

收集來自全日本的美味食品

由日本各地的生產者直送，有豐富的農產加工品及食品

說到秋葉原，是由電器製品、電腦相關軟硬體商店組成的著名電器街，但最近也有不少電器製品之外的商店在這裡展店。最值得注目的是 JR 山手線的高架橋下。從鄰站的御徒町站到秋葉原站的高架橋下原是蔬果市場，經改建後就誕生了名為「CHABARA」的新商店街。這裡的特色是收集了日本各地的物產，其中一間就是「日本百貨店食品館」。這裡收集了多樣日本各地的農產加工品、水產加工品等，除了生鮮食品之外還有各地的名產。在東京都內有其他由別的縣所經營的特產直銷商店，但要全部逛完有難度。但來到這裡就可以一次逛完代表日本各地的物產，非常方便。在「CHABARA」裡還有集中了日本全國手製工藝品、傳統工藝品商店的「AKIOKA ARTISAN」，同樣也值得來逛逛。

日本百貨店食品館位在 JR 山手線高架下的 CHABARA 內
右上／在酒類專櫃發現的新潟縣日本酒

左←千葉縣特產花生的專櫃
右→在靜岡縣的專櫃有多樣種類的日本茶

左←收集了全日本有趣罐頭的專櫃
右→還有使用德島縣食材的餐廳

📍 千代田區神田練塀町 8-2 CHABARA 內
📞 03-3258-0051
🕚 11:00～20:00。1 月 1 日、6 月第 1 週三、11 月第 1 週三為公休日。
💴 可使用信用卡及銀聯卡
🌐 http://syokuhinkan.nippon-dept.jp

看地圖行動條碼

🔘 給台灣遊客的訊息──到秋葉原觀光時請一定要順路來逛逛。

購物、商店

東京晴空街道®
日 東京ソラマチ®
英 TOKYO Solamachi

東武晴空塔線東京晴空塔站、東京地鐵半藏門線、都營地下鐵淺草線、京成押上線押上站

尋找伴手禮、用餐都在這裡滿足！
位於東京晴空塔®下，充滿魅力的複合商業設施

「東京晴空街道®」是位在東京晴空塔®（→ p.36）下方的商業設施，有極品甜點和日本各地人氣美食，有最適合採買伴手禮的商店和話題性的流行服飾品，共集合了 300 間以上的商店。以東京晴空塔®為中心，在東側的「東館」有多家優質的餐廳及可尋找紀念品的購物樓層，還有適合小朋友的娛樂設施。而另一邊西側的「西館」中，有銷售甜點等的 Food Marche、適合簡單地享用午餐的美食街，以及電視台角色人物的商店。仔細地慢慢逛的話，是可以花上一整天的巨大設施。

押上站側的晴空街道入口，晴空塔就近在眼前

Solamachi Dining SKYTREE VIEW 東館 30、31F
位於離地約 150 m 的東館 30、31F 餐廳區。有和式、洋式、中式的 11 間名店。可以近離觀賞晴空塔，享受奢侈的用餐時光。

餐廳窗外的晴空塔就近在眼前

在晚間時段可以一邊欣賞夜景一邊用餐

Japan Experience Zone 東館 5F
除了傳達當地墨田區情報的直銷商店外，還有受小朋友歡迎的球池及活動空間等。

由墨田區的工匠展現傳統工藝的技術

Solamachi Dining 東館 6、7F
從東京話題性的商店到嚴選自日本全國的地方名店，這 2 個樓層的餐廳區共有 29 間店舖。

拉麵、壽司、義大利料理等，種類豐富的餐廳林立。「回轉壽司しトリトン」

可品嘗正統讚岐烏龍麵的「うどん本陣山田屋」

日本紀念品區
東館 4 F

有 Hello Kitty 的商店等受國內外收藏家歡迎的人氣商店等，個性化商店林立。

卡通人物商店外，還有很多和風小物的專賣店

Solamachi Tabe-Terrace
西館 3 F

美食街中有博多拉麵店及咖哩專賣店等，聚集了在東京相當熱門的 10 間商店。

想輕鬆地填飽肚子的話這裡最適合

電視台吉祥物／餐廳
西館 4 F

熱門的 NHK 吉祥物商店與民營電視台的官方商店

商店依電視台區分，相當受歡迎

時尚＆雜貨
塔樓館 3F＆東館 2、3F

以女性、男性的流行服飾為中心，以及廚房雜貨及飾品等商店。還有 UNIQLO 及 ZARA 等大型商店。

Food Marche
西館 2F＆塔樓館 2F

在這個食品樓層有蛋糕、烘焙品、和菓子等商店，還有便菜、生鮮食品、超市等。

陳列了零食及生鮮食品的食品市場

商店區域到處備有可小作休憩的角落

看地圖行動條碼

♥ 遊客中心──位於 1F 高塔團體樓層內。除提供各種情報外，也提供外幣兌換服務。

東京都墨田區押上 1-1-2

0570-55-0102

商店 10:00 ～ 21:00、餐廳 11:00 ～ 23:00。※ 部份店舖營業時間不同。不定休。

自由進場。可使用信用卡。

http://www.tokyo-solamachi.jp

外語對應官網── ✔ 中文繁體字　✔ 中文簡體字　✔ 英文
外語對應導覽手冊── ✔ 中文繁體字　✔ 中文簡體字　✔ 英文

✔ Wi-Fi

押上＊⋯⋯商業設施

77

合味道紀念館

日 カップヌードルミュージアム

英 CUPNOODLES MUSEUM

JR 根岸線、市營地下鐵藍線樓不町站步行 12 分。港未來線港未來站步行 8 分。港未來線馬車道站 4 出口步行 8 分。

紀念館為 5 層樓建築，簡單風格的外觀

來自日本全世界獨一無二的個性化原創杯麵

這不是合味道速食麵而是霜淇淋

邊玩邊學習的體驗型設施

在 1958 年，從日清食品創業者安藤百福手中誕生了全世界最初的速食麵。產品名稱是現在仍銷售中的「雞湯拉麵」。百福在自家後院建了一間小小的研究小屋，1 天平均只睡 4 時間埋首研究，在失敗多次後終於在 1 年後開發出速食麵。一上市馬上受到好評，人氣迅速爆發。在 1971 年，百福再發明了世界最初的杯麵「合味道」。

這個紀念館的正式名稱為安藤百福發明紀念館，在 2 樓有關於百福與速食麵的說明。百福的生涯在「百福放映廳」中名為「MOMOFUKU TV」的 CG 動畫、以及有全長約 58m 壁畫的「安藤百福歷史廳」中作介紹。這裡也復原了研究小屋，還有陳列了從雞湯拉麵開始的速食麵 3000 份以上包裝

在遊戲中體驗合味道製造過程的「合味道遊樂區」

的「速食麵歷史方塊展覽廳」，更是震撼人心。

在 3 樓的「我的合味道工廠」可以製作屬於自己的「合味道」（300 日圓）。自己設計杯子上的圖畫或文字，從 4 個種類中選出喜歡的湯，從 12 個種類中選出 4 項配料，和麵一起放進杯子就完成了。拿來當成伴手禮也不錯。

在 4 樓有模仿亞洲夜市的「NOODLES BAZAAR 麵條街」，在這裡可以吃到中國、韓國、泰國、越南、印尼、馬來西亞、哈薩克、義大利的 8 個國家的麵食。另外值得推薦的是在世界上別處吃不到的合味道霜淇淋（300 日圓）。配料有蝦子、雞蛋等，是真的用在合味道裡的冷凍製品。口味有醬油和咖哩 2 種。

模仿東南亞夜市的「NOODLES BAZAAR 麵條街」

左←可以製作屬於自己的合味道的「我的合味道工廠」

右→在1個半小時中體驗雞湯拉麵製作的「雞湯拉麵工廠」（需事先預約／小學生300日圓、中學生以上500日圓）

安藤百福就是在這間研究小屋（復原）中完成雞湯拉麵的

從6個關鍵字組成的「Creative Thinking-創造性思維」

一整面牆壁展示著速食麵包裝的「速食麵歷史方塊展覽廳」

🏠 神奈川縣中區新港 2-3-4

📞 045-345-0918

🕐 10:00 ～ 18:00（17:00 截止入館）。週二（逢假日則翌日休）、過年期間公休。

💴 成人 500 日圓、高中生以下免費。部份可使用信用卡，部份可使用銀聯卡。

🌐 http://www.cupnoodles-museum.jp

🔊 外語對應官網——
　✔ 中文繁體字　✔ 中文簡體字　✔ 英文
　外語對應導覽手冊——
　✔ 中文繁體字　✔ 中文簡體字　✔ 英文

📶 ✔ Wi-Fi

看地圖行動條碼

🔵 給台灣遊客的訊息——這裡是可以在遊戲中學習誕生於日本的泡麵歷史，請一定要來參觀看看！

🔵 其他注意事項——有語音導覽、哺乳室。

裝飾在外牆的燈罩是拉麵碗的造型

新橫濱拉麵博物館

中 新横浜ラーメン博物館
英 SHINYOKOHAMA RAUMEN MUSEUM

市營地下鐵藍線新橫濱站 8 出口步行 1 分。JR
東海道新幹線和 JR 橫濱線新橫濱站步行 5 分。

品嘗日本全國拉麵名店的口味

在挑高的地下樓層中重現了約 60 年前日本黃金舊時代的餐飲街

　　日本人喜歡吃拉麵，而拉麵迷們垂涎喜愛的就是新橫濱拉麵博物館。說是博物館，但比起用看的更重於用吃的。在 1 樓的「Ramen Tribute」是探索拉麵淵源的空間。回首了從橫濱港開港到現在的歷史，清楚說明了拉麵是日本與中國的飲食文化交流下所誕生的。而在展示遍布歐洲各國的拉麵店分布圖的「歐洲的拉麵情事」裡，標記了英國有 131 間、德國有 34 間、法國有 18 間店等。在商店裡也有銷售 20 多間日本各地拉麵名店的拉麵產品。

　　拉麵的用餐區是在地下層。在挑高的地下 1、2 樓，重現了 1958 年第一份速食麵銷售時的老街景，在這個復古的氣氛中可享用名店的拉麵。共有 8 間拉麵店在這裡展店，有全國知名的札幌味噌拉麵名店「すみれ」，湯以豚骨與雞骨為基底再混入魚貝類的山形縣赤湯溫泉「龍上海本店」、花費 2 日以上細心製作有深度又口感溫和的博多豚骨拉麵「元祖名島亭」、佐上自製大蒜片的熊本豚骨拉麵「こむらさき」、自豪的湯底是和風與白湯混合的「二代目げんこつ屋」、麵條使用專用麵粉，湯底使用自行交配的土雞等嚴選食材的「支那そば屋」等。

在 1 樓的商店也有銷售伴手禮用的拉麵

還有小朋友們的社交場所「零食店」

在地下 1 樓有可以繞行一圈的窄路。在小路兩側有一間接著一間未營業的相館、長屋、當舖、澡堂等，充滿了 1958 年當時的氣氛。在重現的街景中播放的 BGM 也是當時的歌曲。

從 1 樓往地下層走去就看到復古的街景

左←本店位於熊本的「こむらさき」的豚骨拉麵
右→札幌「すみれ」的味噌拉麵

左↖博多「元祖名島亭」的豚骨拉麵
中↑神奈川縣戶塚「支那そば屋」的醬油拉麵
右↗山形縣「龍上海本店」的紅湯味噌拉麵

只有在這個博物館才吃得到的「二代目げんこつ屋」的鹽與醬油的特調拉麵

地下 1 樓的後方長長的小路，有長屋等建築

看地圖行動條碼

- 給台灣遊客的訊息——不妨在這個復古街景中，品嘗看看日本名店的拉麵。
- 其他註記事項——有哺乳室。

📍 神奈川縣橫浜市港北區新橫浜 2-14-21

📞 045-471-0503

🕐 11:00（週日、假日為 10:30）～最後入場為 21:00 ～ 23:00 間變動制。無休。

💴 成人（中學生以上）310 日日圓、小學生及 60 歲以上 100 日圓。部份可使用信用卡，部分可使用銀聯卡。

🌐 http://www.raumen.co.jp

🔊 外語對應官網——✔ 中文繁體字　✔ 中文簡體字　✔ 英文
外語對應導覽手冊——✔ 中文繁體字　✔ 中文簡體字　✔ 英文

📶 ✔ Wi-Fi

月島文字燒街

ⓒ 月島もんじゃタウン
英 Tsukishima Monjya Town

🚇 東京地鐵有樂町線、都營大江戶線月島站
7、8號出口步行3分。

老街風情與
文字燒的香氣
孩子們純樸的點心進化成豪華
且遠近馳名的文字燒

現在說到月島，大家最先想到的都是文字燒，可見其知名度之高。

月島為填海造地而成，城市是起源自明治時代中頃。在二戰之前主要的交通手段是渡船，也就是說它是座陸地上的孤島。而因為「文字燒街」而聞名是最近的事，月島的地下鐵開通後往來的民眾增加，原本只有在當地低調流傳的文字燒的美味，也逐漸擴散開來。

「我開始經營這間店的時候這裡只有6、7間店，說來像是騙人的一樣」老店てまり的老闆娘這麼說著。原來文字燒只是在以小朋友為主要客層的零食店裡銷售。但如今文字燒的種類，以及裡面的配料加入了海鮮、多種肉類、各種蔬菜，越來越有個性。

走在月島的西仲通商店街上，從白天就會聞到醬汁的焦香味，到處都可以看到畢業旅行的學生和外國人拿著手機在尋找店家的模樣。文字燒的吃法也很自由，可以請店員幫忙煎，或是模仿別人的煎法也可以。一群朋友邊聊天邊煎文字燒也很有趣。現在位於月島的文字燒店數，加盟進振興會的有55間，加上未加盟的店數共約有80間。這次就介紹熟悉文字燒的人最喜歡的3間店。

右上↗在家裡也可以製作文字燒的材料包「月島文字燒」1200日圓
下↓月島西仲通商店街。道路兩側及小巷裡文字燒店林立

用鏟子作出圓型的堤防，在中間倒進麵糊（ことぶきや）

從北海道釧路前來畢業旅行的學生們（ことぶきや）

接近黃昏之時店家的燈光漸亮，整條街瀰漫著文字燒的香氣

海鮮類菜色很有人氣的海鮮もんじゃけい。中央區月島 1-25-9 ／ 03-5548-7878 ／ 17:00 ～ 22:00（週六日、假日為 12:00 ～）／無休／www.kaisen-kataoka.co.jp

けいの K's もんじゃ 1944 日圓，1 天限量 5 份

規模小巧，有家的感覺的ことぶきや。中央區月島 3-9-3 ／ 03-5546-1336 ／ 11:30 ～ 22:00 ／週二公休

ことぶきや的鹽味蝦子酪梨文字燒 1200 日圓很受女性的歡迎

誕生、成長於月島，煎文字燒有 40 年經驗的老店てまり的老闆。中央區月島 1-8-1-106 ／ 03-3531-7114 ／ 17:00 ～ 22:00（週六日、假日 12:00 ～）／週一（逢假日則週二休）公休

てまり的招牌菜色明太子年糕起司文字燒 1400 日圓

左←在文字燒振興會銷售文字燒的周邊商品等

右→印上文字燒作法插圖的 T 恤 1100 日圓

看地圖行動條碼

給台灣遊客的訊息──歡迎來品嘗東京老街的口味「文字燒」。

其他註記事項──有由振興會所製作的中文（簡體字）、英語、韓文的統一菜單。

詢問單位──月島有字燒振興會協同組合
東京都中央區月島 1-8-1 I MARK TOWER 1F

03-3532-1990

12:00 ～ 20:00。無休。

http://www.monja.gr.jp

正面的新大橋通，別名門跡通的築地景象

身處美食仙境，讓人感動

縱橫交錯的巷弄裡充滿了美食，這裡是能一飽口福的天堂

築地場外市場一直以來是填飽東京人肚子的廚房。現在則是每天都有眾多外國旅客到訪，和淺草一樣被列為東京觀光的重要景點，相當有人氣。

新鮮的海產與水產加工品。還有關東煮、玉子燒等熟食、蔬菜、肉類，以及茶葉、珍味，甚至菜刀、餐具等廚房用品，所以和「吃」相關的東西在這裡都有。在晴海通、門跡通、波除通所包圍住500m的四方形區塊內，有約400間商店。內部的小巷不斷延伸，就好像是迷宮一樣。大小不一的商店並列的景像，一眼望去雖顯得雜亂，但是每間店裡陳列的食材不但新鮮又漂亮。光是邊走邊看就很有趣，但最有趣的還是邊買邊吃、邊逛邊吃了吧。餐飲店數也很多，光是壽司、海鮮丼的商店就有70間以上，連要怎麼選擇都讓人眼花。到正午時刻更是尖峰時段般的擁擠。

大部份的商店從清晨就會開始營業，餐飲店之外的商店在下午2、3點後大多會打烊。想來的話最重要的就是必須要早起。

旁邊的築地中央市場已確定將遷移至豐洲，但場外市場仍保留

在築地場外服務處ぷらっと築地可以取得地圖。這裡也設有休憩處

集合了來自國內各地新鮮海產的築地にっぽん漁港市場。 中央區築地 4-16-2／9:00～14:00左右（打烊時間各店不同）／無休

在原來的位置。以此為契機新的設施也確定動工，美食城市將更加進化。

左←漁港市場裡的にっぽん漁港食堂中，每天現補的新鮮漁獲很有人氣

右→還可看到豪氣的鮪魚分解作業

新鮮的生魚片現買現吃也 OK

築地カキセンターカキ小屋 築地食堂。現烤的干貝和牡蠣。📍 中央區築地 4-10-14 丸堤大樓 1F（電）03-6228-4880／9:00～15:30LO、17:00～21:00LO（週日晚上休息）／無休

日式煎蛋的老店大定。📍 中央區築地 4-13-11 03-3541-6964／4:00～15:00／週日、假日、休市日公休。人氣的雞蛋布丁 1 個 300 日圓。

菜刀專賣店的有次。有不少客人為了優質的菜刀前來。
📍 中央區築地 4-13-6（電）03-3541-6890（營）6:00～15:00／週日、假日、休市日公休

在北海番屋可以享用從北海道直送食材的海鮮丼及烤海鮮。📍 中央區築地 4-14-16（電）03-5148-0788（營）11:00～14:00LO、17:00～21:00LO（週六日、假日 11:00～14:00LO）／不定休

鯨魚料理的話就是鯨的登美粹。招牌的炸鯨魚肉串 1 串 200 日圓。
📍 中央區築地 4-10-17／03-6278-8194／10:00～14:00／週四、1 月 1 日～4 日公休

📍 詢問單位──綜合服務所「情報市場ぷらっと築地」
東京都中央區築地 4-16-2 千社額棟 1F

🕐 8:00～14:00（週日、假日、休市日 10:00～）。過年期間公休

🌐 http://www.tsukiji.or.jp

🔊 外語對應服務人員── ✔英文（依時段而定）
外語對應官網── ✔中文繁體字 ✔英文
外語對應導覽手冊── ✔英文

📶 ✔Wi-Fi

東急 HANDS 澀谷店

日 東急ハンズ渋谷店
英 TOKYU HANDS SHIBUYA

JR山手線、東急東橫線・田園都市線、東京地鐵銀座線・半藏門線・副都心線，澀谷站步行 5 分。

東急 HANDS 澀谷店的外觀

生活相關用品的綜合商店
充滿日常生活新發現的魅力百寶箱

東急 HANDS 現在在日本國內有 40 間店舖，在海外有 3 間分店，澀谷店是繼一號店的藤澤店後於 1978 年開幕的店舖，在 HANDS 當中算是老店。從地下 2 樓到 7 樓，有模型・手工藝、工藝等手作用品材料及工具，種類齊全豐富，而與美容・健康相關、廚房用品、寵物・家飾布品、旅行用品、汽車等與日常生活有關的各種商品，也依類型分別設置於各樓層。全部樓層的共通主題是 DIY（Do It Yourself），對於喜歡親手製作東西的人來說，是可以得到很多協助的地方。這裡陳列的商品有很多是在各個領域中流行的最前端，光是在店內邊走邊看就很有趣。而來到這裡的客人，可以依購物的目的直接選擇適合的樓層，或是先搭電梯到最上層，再沿著螺旋狀的樓梯走到各層的賣場也是個不錯的方法。外國遊客只要到位在地下層的免稅櫃台辦手續，就可以退回消費稅。

7F

最頂樓 7 F 的 HANDS CAFÉ。提供咖啡和餐點，可悠閒放鬆的空間。小型套餐 1,000 日圓

6F 陳列了派對用品等娛樂、裁縫、手藝品材料、寵物用品。

齊全的布料及花材等裁縫、手藝品材料

5F 陳列了齊全的畫具、畫框、雕刻刀具等設計與手工用品的樓層，還有手錶、手機的飾品、皮革及布製的包包類。

帆布製的包包

與 BEAMS 合作的 HANDS 原創商品

4F

居家用品相關的樓層，有組合家具、收納用品、床、枕頭、窗簾、抱枕、照明器具等。

以高級獸毛製作的衣物刷也很有人氣

3F

追求舒適生活的樓層。陳列有洗衣用品、浴室廁所用品，以及平底鍋、鍋具到小物等與廚房相關的用品。

保溫瓶及便當盒種類豐富，聚集不少人氣

2F

陳列美妝用品及保健等美容相關用品、記事本等日記、賀卡及便箋信封等。

從國內外廠商當中嚴選出來的彩妝品及髮妝品

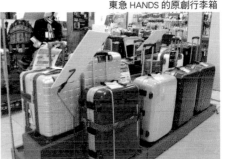

東急 HANDS 的原創行李箱

1F

有書寫用具、筆記本等文具用品、錢包、吸煙工具、雨傘、戶外活動用品、以及行李箱等旅行用品的專櫃。

B1

地下 1 樓是最受對木工有興趣的人歡迎的地方。專業規格的各種工具，和黏著劑、塗料、木材材料，商品相當齊全。申請消費稅退稅的服務櫃台也在這個樓層。

自行車及競速自行車相關雜貨

隨時有工作人員派駐的免稅櫃台

東京都渋谷區宇田川町 12-18

03-5489-5111（代表）

10:00 ～ 21:00 。不定休。

可使用信用卡，銀聯卡 5 ％ OFF

http://shibuya.tokyu-hands.co.jp

外語對應官網── ☑ 中文繁體字　☑ 中文簡體字　☑ 英文
外語對應導覽手冊── ☑ 中文繁體字　☑ 中文簡體字　☑ 英文

☑ Wi-Fi

看地圖行動條碼

給台灣遊客的訊息──憑護照在服務台可以獲得 5% 折扣的優惠券（效期 1 個月）。

地方縣市特產直銷商店

日 地方のアンテナショップ

在東京也能入手地方縣市的美味

日本各地的自治單位在東京宣傳當地自豪的特產品及家鄉味

由距離東京較遠的地方各縣市，直接銷售當地特產品或在餐廳提供鄉土口味的商店，就稱為特產直銷商店。在東京都心區就聚集有全國超過 30 個縣所經營的特產直銷商店。以下介紹的是附設餐廳，在購買當地物產的同時還可以品嘗當地美食的 3 間特產直銷商店。

あきた美彩館
──秋田縣／東北地方──

秋田縣位於東北地方的日本海一側，夏天梅雨季短且舒適，但冬天嚴寒且時常積雪。雖然自然環境非常嚴峻但農業興盛，在日本也是數一數二的稻米產地。釀酒用米的產量也很豐富，著名的日本酒種類相當多。在あきた美彩館中有從當地直送的農產物、農產加工品，另外還有弧形木工、樺木工藝等工藝品。在附設的餐廳中，可以吃到以秋田直送食材製作的鄉土特色料理，其中最推薦的是代表日本鍋物料理的「きりたんぽ鍋」。

📍 港區高輪 4-10-8 WING 高輪 WEST- Ⅲ 1 樓★ 03-5447-1010 ★商店營業時間 11:00 ～ 23:00、餐廳營業時間 11:00 ～ 16:00（LO 15:00）、17:00 ～ 23:00（LO 22:15）★無休（僅 1 月 1 日）★ http://www.akita-bisaikan.jp

JR 品川站高輪口、京濱急行線品川站步行 3 分

看地圖行動條碼

あきた美彩館的入口。建築物與品川王子飯店相鄰

和風與現代風格混合，氣氛沉穩的餐廳

きりたんぽ鍋。主角是將米飯搗爛捲在竹串上烤過的「きりたんぽ」與土雞。然後再加進大量的香菇及蔬菜

店內有豐富的秋田縣產農水產品、農水產加工品、日本酒、工藝品

香川・愛媛せとうち旬菜館
──香川縣・愛媛縣／四國地方──

由面對瀨戶內海的四國2縣──香川縣與愛媛縣共同經營的特產直銷商店。少雨的溫暖氣候，與瀨戶內海的豐富海產是這兩縣的特色。活用了溫暖氣候，盛行溫州蜜柑及橄欖的栽培，也有很多加工品。這個地區最有名的特產品為「讚岐烏龍麵」，在附設的餐廳「かおりひめ（香媛）」中就可以品嘗到。另外還有使用在瀨戶內海捕捉到的鯛魚所製作的「鯛魚飯」也是值得推薦的美味。

 港區新橋 2-19-10 新橋 MARIN 大樓 1&2 樓 ★ 03-3574-7792 ★ 商店營業時間 10:00 ～ 20:00、餐廳營業時間 11:00 ～ 23:00（22:00LO）★ 無休（僅休 1 月 1 日）★ http://www.setouchi-shunsaikan.com

JR 新橋站銀座口步行 2 分、東京地鐵銀座線新橋站 2 號出口附近、百合海鷗號・都營地下鐵淺草線新橋站步行 3 分

看地圖行動條碼

せとうち旬菜館裡 1 樓為商店，2 樓為餐廳「かおりひめ」

2 樓的餐廳。欲在晚上 6 點之後前往，最好先預約

可同時品嘗到招牌的鯛魚飯和烏龍麵的套餐最受歡迎

在 1 樓的商店中收集了愛媛縣、香川縣兩縣的特產品

おいしい山形プラザ
──山形縣／東北地方──

山形縣是位在東北地方日本海一側，南側與秋田縣相鄰。有日本海的海產與內陸區的山產。代表性特產品有櫻桃、牛肉、蕎麥等。在冬天時觀賞藏王樹冰的行程很受觀光客歡迎。在おいしい山形プラザ 2 樓的餐廳「ヤマガタ サンダンデロ」中，可以品嘗到使用山形當季食材製作的正統義大利料理。 中央區銀座 1-5-10 GINZA 1st5. 大樓 1&2 樓 ★ 03-5250-1750 ★ 營業時間 10:00 ～ 20:00、餐廳營業時間 11:00 ～ 15:00（LO 14:00）、18:00 ～ 23:00（LO 22:00）★ 無休（過年期間、餐廳每週一公休）★ http://oishii-yamagata.jp

おいしい山形プラザ的入口。餐廳請從店內的樓梯上 2 樓

2 樓的餐廳「ヤマガタ サンダンデロ」。寬敞的用餐空間

店裡陳列著農產品、畜產品、海產品山珍海味，作為伴手禮也很適合

東北地方盛產稻米。山形縣產稻米「つや姫」最近是人氣高漲的品牌米

 東京 METRO 有樂町線銀座一丁目站 5、6 號出口步行 1 分、JR 有樂町站步行 5 分

看地圖行動條碼

東京周邊的暢貨中心

暢貨中心裡聚集的商店，都是將國內外一流廠商及著名品牌的商品以便宜的價格提供給顧客。因為是廠商直營，因此不用擔心品質，也有種類豐富的餐廳及美食街。以下介紹的是距離東京都心交通方便，即使帶著小朋友也可安心、悠閒當天往返的暢貨中心。

MITSUI OUTLET PARK 多摩南大澤

位於東京郊外的住宅文教區域，有很多帶著小朋友的家庭客層。規模雖然不算大，但可以輕鬆地享受購物。

- ℹ️ 店舖數約 110 店
- 🏠 東京都八王子市南大沢 1-600
- 🕐 商店 10:00～20:00、餐廳 11:00～22:00／不定休
- 💻 京王線南大澤站即到（距離新宿站約 35 分）
- 🌐 http://www.31op.com/tama/

Venus OUTLET

位於台場的大型購物商場──維納斯城堡（Venus Fort）的 3 樓，東京都心的暢貨中心。商場本身就一個集結近 200 家店的熱門景點。

- ℹ️ 店舖數約 50 店
- 🏠 東京都江東區青海 1-3-15
- 🕐 11:00～21:00／不定休
- 💻 臨海線東京電訊站步行 3 分。直通百合海鷗號青海站
- 🌐 http://55vf.jp

MITSUI OUTLET PARK 橫濱港灣

氣氛有如渡假盛地。有餐廳及咖啡廳，逛累了還可以悠閒地眺望港灣的景色。

- ℹ️ 店舖數約 80 店
- 🏠 神奈川縣橫浜市金沢區白帆 5-2
- 🕐 10:00～20:00／不定休
- 💻 JR 京濱東北、根岸線新杉田站轉搭金澤 Seaside Line
- 🌐 http://www.31op.com/yokohama/

MITSUI OUTLET PARK 入間

腹地面積為日本國內最大，店舖數也是最多的。商店樓層就像是回廊一樣，規模盛大非常壯觀。也備有很多提供用餐和休息的店。

- ℹ️ 店舖數約 200 店
- 🏠 埼玉縣入間市宮寺 3169
- 🕐 商店 10:00～20:00、餐廳 11:00～21:00（週六日、假日～22:00）、美食街 10:30～21:00／不定休
- 💻 西武池袋線入間市站搭乘巴士約 15 分（距離池袋站約 1 時間）
- 🌐 http://www.31op.com/iruma/

MITSUI OUTLET PARK 幕張

有很多受上班族女性歡迎的品牌，因此女性客人偏多。距離車站近，交通方便，從成田機場搭乘巴士也只需 40 分。

- ℹ️ 店舖數約 135 店
- 🏠 千葉縣千葉市美浜區ひび野 2-6-1
- 🕐 商店 10:00～20:00、餐廳 11:00～21:30（各店不同）／不定休
- 💻 JR 京葉線海濱幕張站附近（距離東京站約 30 分）
- 🌐 http://www.31op.com/makuhari/

MITSUI OUTLET PARK 橫濱港灣

MITSUI OUTLET PARK 多摩南大澤

MITSUI OUTLET PARK 多摩南大澤

Venus OUTLET

MITSUI OUTLET PARK 橫濱港灣

MITSUI OUTLET PARK 入間

MITSUI OUTLET PARK 幕張

動物園
水族
博物館

上野動物園｜新江之島水族館｜多摩動物公園

葛西臨海水族園｜品川水族館｜陽光水族館

日本科學未來館｜水族館＆星象儀（東京晴空塔城®）

江戶東京博物館｜千葉縣立房總之村｜新宿御苑

上野動物園

日 上野動物園
英 Ueno Zoological Gardens

JR 山手線上野站公園口步行 5 分。東京地鐵日比谷線、銀座線上野站 7 出口步行 2 分。京成線上野站正面口步行 10 分。都營地下鐵大江戶線上野御徒町站 A5 出口步行 15 分。

1882 年開園的日本首座動物園

展出指猴、獾狐狓、鯨頭鸛等時下高話題性的動物

上野動物園在 1882 年開園時為日本第一座的動物園，擁有 130 年以上歷史。開園當時只有熊、猴子、狐狸、狸貓、水鳥、小鳥等少量動物，現在則有當紅的大熊貓等約 400 種類、3000 隻的動物在這裡飼養及展示。

這裡的面積有 15 公頃之大。最有人氣的是二頭大熊貓。上野動物園第一次迎來熊貓是 1972 年的時候。在那之後熊貓就成為上野動物園象徵性的存在，從當時就一直維持著不變的高人氣。現在所飼養、展示的是公熊貓的力力與母熊貓的真真。熊貓在每天早上會餵食飼料，如果想看熊貓吃竹子和竹葉的模樣，建議在開園的時間入園。

這裡也可以看到大猩猩像野生一樣的群居生活。想看大猩猩群最好的時段是上午。而怎麼看也不會膩的，是群居在被稱為「猴子山」的人工山上的日本彌猴。看牠們理毛、搶食，有時打架，如此自由奔放活動著就是日本彌猴的魅力。

指猴是只棲息於印度洋西部馬達加斯加島的動物，在亞洲圈只有上野動物園飼養。是有長尾巴和大耳朵的夜行性動物。現在共飼養了 8 隻。而在台灣看不到的動物，還有長得像斑馬的獾狐狓。和熊貓、倭河馬被合稱為世界三大奇獸。還有幾乎是靜止不動、身長約 1m 的鯨頭鸛。因為模樣很有趣因此人氣高漲。

園內分為東園與西園，之間有橋樑及輕軌電車（150 日圓）相連結。上野動物園輕軌電車在 1957 年開業時是日本第一座輕軌電車，到現在的車廂是第四代。負責營運的不是動物園而是東京都交通局。

透過玻璃可以近距離看見熊貓

猴子山的猴子們怎麼看也不會膩

近距離看大象，更覺得巨大

連接東園與西園的日本首座輕軌電車

上野動物園的主要正門

立於園內一角的舊寬永寺的五重塔

獾狮狓的體型雖然像馬，但其實是長頸鹿科的哺乳類

仔細看大猩猩的臉，真的和人類很像

棲息在馬達加斯加島多雨林的指猴

幾個小時都不會動，最近話題性十足的鯨頭鸛

個性大膽、不認生的母熊貓真真

在水槽中氣勢十足地游泳中的北極熊

東京都台東區上野公園 9-83

03-3828-5171

19:30 ～ 17:00（16:00 截止入園）。週一（逢假日則翌日休）、過年期間公休。

成人（高中生以上）600 日圓、國中生 200 日圓、65 歲以上 300 日圓、小學生以下免費。不接受信用卡。

http://www.tokyo-zoo.net/zoo/ueno/

外語對應官網—— ✓ 中文簡體字 ✓英文
外語對應導覽手冊—— ✓ 中文簡體字

看地圖行動條碼

- 給台灣遊客的訊息——這裡有在台灣看不到的動物，請一定要來瞧瞧。
- 其他註記事項——有哺乳室。

新江之島水族館

日 新江ノ島水族館
英 ENOSHIMA AQUARIUM

小田急江之島線片 江之島站步行 3
分、江之電江之島站步行 10 分、湘南
單軌電車湘南江之島站步行 10 分。

在巨大水槽中悠游的沙丁魚群

別錯過「相模原大水槽」、「水母夢幻廳」、「海豚海獅秀」

暱稱是「江之水（ENOSUI）」的新江之島水族館，正對著相模灣與江之島，右側遠方可以遠望富士山，位於眺望景色過人的海岸。一進到館內馬上就會看到容量 1000 噸、厚 41cm 的壓克力玻璃製的「相模灣大水槽」。重現了就位於眼前的相模灣從淺灘到海底的景色。裡面有 90 種、2 萬尾的魚群巡遊著，最震撼的是 8000 尾沙丁魚的大魚群，閃爍著銀光旋轉游泳的畫面相當美麗。在這個大水槽也可以看到潛水員與魚群互動的表演。

最受小朋友歡迎的是海豚與海獅的表演秀。從游泳池的觀眾席可以眺望江之島與富士山，在充滿開放感的場地欣賞氣勢十足的海豚秀。週六、日及假日時，更會舉行人與海豚合為一體更進一步的表演「Dolferia」，絕對不容錯過。

而最受大人歡迎的則是「水母夢幻廳」。這間水族館飼育水母的歷史悠久，展示內容也大受好評。水母在水中緩慢舞動的姿態癒了心靈，讓人想一直就這麼看下去。

高度 9 m 的相模灣大水槽。裡面有 8000 尾沙丁魚等 2 萬尾的魚群

新江之島水族館的入口

其他還有企鵝、海龜的區域，以及日本首台有人潛水調查船「深海 2000」的實體展示區域也很受歡迎。每天在固定時間可以體驗到觸摸海龜及海豚，也讓人躍躍欲試。而參觀累了，就到可以一望海景的「海邊甲板」，欣賞壯大的景色。建議在下午入館，遠望慢慢沉入海中的夕陽風景。

從海邊甲板望向相模灣的景色相當迷人。遠處還可以看到富士山　海獅表演秀為每天舉行。游泳池的後方就是江之島

在相模灣大水槽中的潛水員與魚群互動的表演

只在週六日、假日舉行的海豚秀「Dolferia」

與海豚握手。可以直接與動物們交流的活動很受小朋友歡迎

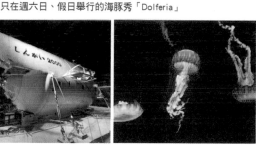

曾實際活躍於 2000 m深海進行海底調查的「深海 2000」

在水母夢幻廳的水槽中美麗舞動的水母

在週六日及國家假日時，申請即可參加觸摸海龜的活動

可愛的企鵝就近在眼前

在館內的咖啡廳提供有輕食。很可愛的水母麵包

商店中人氣的伴手禮。水母布偶

📍 神奈川縣藤沢市片瀬海岸 2-19-1

📞 0466-29-9960

🕐 3月～11月 9:00～17:00（最後入館 16:00）、12～2 月 10:00～。但春季長假、暑假、過年期間會有變動。無公休日（有臨時休館）。

💴 成人 2100 日圓、高中生 1500 日圓、國中・小學生 1000 日圓、幼兒（3 歲以上）600 日圓。不接受信用卡。

🌐 http://www.enosui.com

🔊 外語對應官網——☑中文繁體字　☑中文簡體字　☑英文
外語對應導覽手冊——☑中文繁體字　☑中文簡體字　☑英文

看地圖行動條碼

⭕ 給台灣遊客的訊息——2 萬尾魚群游來游去的震撼大水槽，以及只有水母的療癒空間，還有參加型的海豚秀等，這裡是充滿亮點的水族館。美麗海景和海洋動物們在這裡等候你們的到來。

⭕ 其他註記事項——有哺乳室、無障礙空間。

從大象到螞蟻，邂逅
多種不同的生物

看著動物們在廣大丘陵地上自在生
活的模樣，感覺自己也打起精神了

上↑正門入口有大象的石像迎接著
遊客

左上↖紅毛猩猩的空中步道不容錯
過

左←13:30 是大猩猩的餵食時間，
現場有飼育員的詳細說明

右→小朋友最期待的就是在橡果廣
場和豚鼠的交流

從都心搭乘電車約 40 分，就到達多摩丘陵上動物們的樂園。這裡的規模有 11.2 個東京巨蛋那麼大，約飼養了 300 種動物。特色是為了可以看到動物最原始的模樣，盡可能地不使用柵欄等工具來展示。

園內分為非洲、亞洲、澳洲、昆蟲等 4 個園區。在非洲園區中有長頸鹿、斑馬、黑猩猩，亞洲園區內有雪豹和印度犀牛，澳洲園區中有無尾熊，昆蟲園中有切葉蟻，充滿許多值得一看的動物。

首先在正門拿取園內的地圖，再於告示板上確認今天的活動後，就準備出發了。可以採步行慢慢地邊走邊看，也可以搭乘接駁車移動，依目的地臨機應變。園內準備了 5 個推薦行程，其中觀賞全部動物的行程，以慢慢步行的狀況約需 2 個半小時。

一定不能錯過的是大猩猩的餵食時間與紅毛猩猩的空中步道等人氣活動。另外在橡果廣場可以和豚鼠進行互動。這裡也致力於保護、繁殖、保育瀕臨絕種的動物們。因此有很多在國際間也很珍貴的動物，如麋鹿（四不像）、帝王獵豹、世界上最小的哺乳類東京尖鼠等。

在廣大的園內設有咖啡廳及餐廳，也有很多板凳和露台區，可以選擇喜歡的位置享用便當也是樂趣之一。伴手禮的話則可前往禮品店「COLLECTION」購買。

任何時候無尾熊都是最受歡迎的動物。只有無尾熊商店才買得到的竹皮無尾熊便當 580 日圓。

昆蟲園本館。歡迎來到昆蟲愛好者的聖地

切葉蟻搬運葉子回到巢穴的樣子讓人感動

可以同時看到敵對的狼和蒙古馬，很不可思議

帝王獵豹是獵豹中極為少數的種類。不同於獵豹的條狀花紋是牠的特色

帝王獵豹的布偶。2160 日圓

在禮品店「COLLECTION」入手今天的紀念品

東京都日野市程久保 7-1-1

042-591-1611

9:30 ～ 17:00（16:00 截止入園）。週三（逢假日、都民日則翌日休）、過年期間公休。

一般 600 日圓、中學生 200 日圓、65 歲以上 300 日圓、小學生以下免費。可使用信用卡（不接受銀聯卡）。

https://www.tokyo-zoo.net/zoo/tama/

看地圖行動條碼

外語對應服務人員——☑英文
外語對應官網——☑中文簡體字　☑英文
外語對應導覽手冊——☑中文簡體字　☑英文

◇ 給台灣遊客的訊息息——在腹地廣大的園內，動物們悠閒地生活著。歡迎來這裡一邊散步，一邊慢慢地觀賞動物。

◇ 其他註記事項——設有免治馬桶、無障礙空間、有多功能床的洗手間、哺乳室。嬰兒車出租（1 日 500 日圓）、設置 AED。

鮪魚群在最大水深 7m 的大水槽中游來游去

同時有海洋及淡水生物，種類豐富的水族館

葛西臨海水族園位於面向東京灣的葛西臨海公園裡。水族園是直徑約 100m 的圓形建築物，入口是建造在 3 樓屋頂、高 21m 的玻璃巨蛋。噴水池環繞著巨蛋 4 分之 3 圈。當霧般的噴泉噴出時，水面會看起來像和東京灣相連接，景色很壯觀。

搭手扶梯下到 2 樓的第一個區域是「大洋的航海者」。首先是雙髻鯊和沙丁魚群、叉頭燕魟等迎接著訪客。再往前走有最大水深 7m、2200 噸的環型大水槽，裡面有黑鮪魚、巴鰹、齒鰆等居住於海洋的魚種。大水槽的內側稱為 AQUA THEATER，這裡是世界上首座可以近距離欣賞鮪魚群泳，是充滿震撼力的展示空間。

在 1 樓還有很多區域。有收集世界海洋珍貴生物的「世界的海」。展示依海洋分為太平洋、印度洋等水槽，在加勒比海中有銳高鰭鰦及神仙魚等顏色鮮艷的魚群，很有趣的視覺感受。「海岸生物」中，重現了關東有海浪拍打的石岸。在因潮汐漲退而變化的石岸，可以看到魚及海葵。在「企鵝的生態」中飼養了 4 種企鵝，是日本國內最大規模的室外展示設施。可以觀察到企鵝在陸地上及水中的動作。另外還有展示世界最大的海藻大浮藻與居住於加州海裡生物的「海藻森林」、介紹東京灣及東京離島各種環境的「東京的海」、可以看到花魁鳥及崖海鴉在水中展翅般覓食模樣的「海鳥的生態」等區域。而重現過去關東周邊的河川與池塘環境的是室外區域的「水邊的大自然」。裡面有總長度 250m 的人工河流及淡水生物館等。

最大水深 7m 的「大水槽」，近距離觀賞氣勢十足的景色

可看到黑鮪魚充滿震撼力的泳技的「AQUA THEATER」

在 AQUA THEATER 看到黑鮪魚進食的樣子

有雙髻鯊等魚類巡遊的「大洋的航海者」

在「東京的海」區水槽中的海龜

對海洋生物來說是很重要的覓食及藏身處的「海藻森林」

有色彩鮮豔魚群的「加勒比海」

在水中輕快游泳著漢波德企鵝

可碰觸到鯊魚與魟魚的「TOUCH FEELING」

四周 4 分之 3 是噴水池的入口大廳「GALSS DOME」

相鄰的室外區域「水邊的大自然」中的淡水生物館

📍 東京都江戶川區臨海町 6-2-3

📞 03-3869-5152

🕐 9:30 ～ 17:00（16:00 截止入場）。週三（逢假日則翌日休）、過年期間公休。

💴 成人（高中生以上）700 日圓、國中生 250 日圓、65 歲以上 350 日圓、小學生以下免費。部份可使用信用卡。

🌐 http://www.tokyo-zoo.net/zoo/kasai/

🔊 外語對應服務人員──✔英文
外語對應官網──✔中文簡體字　✔英文
外語對應導覽手冊──✔中文簡體字　✔英文

📶 ✔ Wi-Fi

看地圖行動條碼

◯ 給台灣遊客的訊息──這裡是鄰近東京站，交通方便的水族館。來這裡可以看見世界上的海中生物，請務必前來一探究竟。

◯ 其他註記事項──有哺乳室、多功能洗手間、成人更換尿布的空間。無障礙空間。

品川水族館

日 しながわ水族館
英 SHINAGAWA AQUARIUM

京濱急行線大森海岸站步行 8 分。JR 京濱東北線大森站東口步行 15 分。

海豹館中約有 4～5 頭斑海豹

展露特殊演技的海獅表演秀

成功表演跳躍的海豚表演秀

海豹館的水中大廳極具魅力
欣賞潛水員的水中表演，和水母合拍紀念照

品川水族館就位在有露營場、棒球場、網球場等的品川區民公園內的一角。館內由 1 樓的「海面層」與地下 1 樓的「海底層」所組合，觀眾從 1 樓開始。第一個區域是生長到走道上的巨樹為地標的「匯流至東京灣的河川」。環繞著巨樹步行遇見各式各樣生物，可以感受到來自森林的生物多樣性。

在「品川與海」區域中，重現了品川水族館周邊的海洋生物及生物們棲息的環境。以大樓等的實景模型為背景的水槽中，有大瀧六線魚、黑棘鯛、斑魟等魚群。具震撼力的海豚表演秀與動作滑稽的海獅表演秀是在「海豚和海獅館」中進行。海豚表演秀 1 天有三場，時間為 11 時、13 時 30 分、15 時 30 分。海獅表演秀則是時間為 14 時 30 分的 1 場，在週六、假日及暑假等時段會增加場次。

在「海底層」裡有座隧道型的水槽，裡頭約有 80 種、900 尾生物。在這裡會由女性潛水員進行餵食的水中表演秀。平日有 13 時及 15 時的 2 場，週六及假日、春假、暑假、寒假時則在 11 時與 14 時也會進行表演。

在「水母的世界」是以四個水槽介紹水母的生態。而人氣區域的「攝影棚水槽」，是站到水槽的後側，再從前方拍照，就好像進到水槽中與水母一起拍攝紀念照一樣。在「海豚之窗」區域，則可以欣賞海豚在水中優雅巡游的模樣。別棟的「海豹館」中有個水中大廳，在這裡則可以用 360 度的角度觀賞海豹游泳的樣子，甚至會有置身於水槽中的錯覺。

在頭頂上有魚群游過的隧道型水槽

在「企鵝灘」中的麥哲倫企鵝

有色彩豐富魚群悠游其間的「海洋中的寶石」

在自動售票機購買門票。也設置有投幣式置物櫃

從「匯流至東京灣的河川」開始參觀

名為沙虎鯊的鯊魚

在「水母的世界」可看到 4 種水母

東京都品川區勝島 3-2-1

03-3762-3433

10:00 ～ 17:00（16:30 截止入館）。週二（逢假日、春假、黃金週、暑假、寒假則開館）、1 月 1 日公休。

成人（高中生以上）1350 日圓、國中 · 小學生 600 日圓、幼兒（4 歲以上）300 日圓、65 歲以上 1200 日圓。不接受信用卡。

http://www.aquarium.gr.jp

外語對應官網──✔中文繁體字　✔中文簡體字　✔英文
外語對應導覽手冊──✔中文簡體字　✔英文

✔ Wi-Fi

看地圖行動條碼

❤ 其他註記事項──有哺乳室、無障礙空間。

陽光水族館

日 サンシャイン水族館
英 Sunshine Aquarium

JR 山手線、東武東上線、
西武池袋線、東京地鐵丸
之內線、東京地鐵副都心
線池袋站東口步行 10 分。
東京地鐵有樂町線東池袋
站 2 出口步行 5 分。

海獅在室外游泳的「陽光環形水槽」

豹紋鯊抱枕
（10800 日圓）

宛如屋頂上的南國渡假村

有趣的海獅表演秀

日本首座環形水槽「陽光環形水槽」不容錯過

陽光水族館位於池袋太陽城高 40m 的 WORLD IMPORT MART 大樓的屋頂。由三個區域所構成，室外的海洋樂園名為「天空之旅」，仿造南國渡假村的風格，種植著茂盛的椰子樹。而主要設施是日本首座設置於頭頂上的環形水槽「陽光環形水槽」。從下往上看，游泳的海獅就像是在都市的晴空中飛翔一樣。在表演舞台 1 天會有 4 場約 10 分鐘的海獅表演時間，開演時間為 11 時、12 時 30 分、14 時、15 時 30 分。因為是沒有柵欄的舞台，可以近距離欣賞表演。在室外則有南非的黑腳企鵝居住的企鵝海灘、白鵜鶘山丘、生息於大河的巨大魚類等區域。

室內展區則是以綠洲為主題。在 1 樓的「海洋之旅」中，有棲息於海岸、灣內、海面、遠洋等各種水域的魚類，以及哺乳動物和珊瑚、烏賊、水母等無脊椎動物等，在水槽內精心區隔展示著。水族館裡最大水槽的「陽光岩礁水槽」中，漫游著魟魚與海鱔等魚類，約每 1 個小時潛水員會透過水中麥克風進行約 10 分的介紹及水中表演。在「冰涼的大海」裡可以看到網路上很有人氣的深海生物大王具足蟲。

2 樓的「水濱之旅」中有水草及青蛙同類、蛇及烏龜的同

以水草為中心的水槽「水生植物」

類、哺乳動物等棲息在水邊，且因應各種環境生存著的生物。在「棲息在湖邊的海豹」的角落看到的貝加爾海豹，是生存在世界最深湖泊、俄羅斯貝加爾湖的特有品種，也是生存在淡水湖中珍貴品種。

大王具足蟲拖鞋
（2592 日圓）

水母游動的隧道水槽「水母隧道」

珊瑚礁之海的大型水槽中可以看到活的珊瑚

陽光水族館最大的水槽「陽光岩礁水槽」

「陽光岩礁水槽」中會舉行水中表演秀

位在室外的企鵝水槽

提供輕食及飲料的「kanaLoa cafe」

東京都豐島區東池袋 3-1 太陽城 WORLD IMPORT MART 大廈屋頂

03-3989-3466

4 月～ 10 月為 10:00 ～ 20:00（19:00 截止入場）、11 月～ 3 月為 10:00 ～ 18:00（17:00 截止入場）。無休。

成人（高中生以上）2000 日圓、兒童（國中‧小學生）1000 日圓、幼兒（4 歲以上）700 日圓、65 歲以上 1700 日圓。部份可使用信用卡。

http://www.sunshinecity.co.jp/aquarium/

外語對應導覽手冊——✓中文簡體字　✓英文

✓ Wi-Fi

看地圖行動條碼

其他註記事項——有哺乳室、尿布台。

外觀彷彿像是未來世界的玻璃帷幕

日本科學未來館

日 日本科学未来館

英 National Museum of Emerging Science and Innovation(Miraikan)

百合海鷗號船的科學館站步行 5 分。百合海鷗號遠程通訊中心站步行 4 分。臨海線東京電訊站步行 15 分。

由汽車廠商 HONDA 所開發的「ASIMO」

親身體驗最新的科學技術

標誌性展品「Geo-Cosmos」可映照出從宇宙看見的寫實地球

在這間科學博物館中，可學習到最先進的機器人、最新科技、地球環境、宇宙探索等各種領域的科學技術知識，並且體驗未來。建築物有 8 層樓高。常設展主要位在 3 樓及 5 樓。

從 1 樓抬頭看到的球體顯示器，是飄浮於挑高 6 層樓的空間中，直徑 6m 的「Geo-Cosmos」。表面貼了 10362 片有機 EL 面板，顯示由人工衛星拍攝的雲圖，映照出從宇宙看見的地球風景。館長是太空人毛利衛，他為了讓來館遊客也能看到從宇宙看見的地球，將這項展示作為日本科學未來館的標誌性展示品。在 1 樓的標誌區還可以平躺仰望這項展示品。

3 樓是以「創造未來」為主題。展示機器人、資訊技術、媒體藝術等主題，並提供體驗，是讓人思考今後如何讓生活更加豐富多彩的區域。用雙腳行走的人形機器人「ASIMO」、擬人型機器人「オトナロイド」與「コドモロイド」也絕對不可錯過。另外在 11 時、14 時、16 時會舉行 1 日 3 場 ASIMO 的實際示範。

5 樓的主題為「探索世界」。這裡有國際宇宙站的居住棟中的部份模型，透過洗手間及私人房間可以了解太空人過著怎樣的生活。在居住棟的外側牆面還可以看到曾來訪這裡的太空人的親筆簽名。

6 樓是可以觀賞全天幕立體視影像與星象圖的半球狀的球幕影院。上映時間約 30 分。需事先在網路上預約（有空位時當天亦可預約），票價為 300 日圓。

日本科學未來館的標誌性展示品「Geo-Cosmos」

坐著就可以身體重量移動來駕駛的 UNI-CUB（需另付費）

可親子一起體驗科學「思維方式」的「好奇心樂園」

ASIMO 周邊商品及原創商品的未來館商店

左←可近距離親身體驗偉大宇宙的球幕影院
上↑介紹各種動作的「ASIMO」實際示範

左←人間酷似型機器人「オトナロイド」
右→人間酷似型機器人「コドモロイド」

📍 東京都江東區青海 2-3-6

📞 03-3570-9151

🕐 10:00 ～ 17:00（16:30 截至入館）。週二（逢假日則開館）、過年期間公休。
春假、暑假、寒假期間等有時週二會開館。

💴 成人 620 日圓、18 歲以下 210 日圓、6 歲以下免費、週六為 18 歲以下免費（企
劃展等除外）。部份可使用信用卡。

🌐 http://www.miraikan.jst.go.jp

🔊 外語對應服務人員——✔中文　✔英文
外語對應官網——✔中文簡體字　✔英文
外語對應導覽手冊——✔中文繁體字　✔中文簡體字有　✔英文

📶 ✔ Wi-Fi

看地圖行動條碼

◯ 給台灣遊客的訊息——這裡是可以
體驗到日本的機器人等創造未來先
進科技的設施，歡迎與家人、情人、
朋友一起來看看。

◯ 其他註記事項——有哺乳室、無障礙
空間。

東京晴空塔城®的「海洋」與「星空」

位在東京晴空塔®腳邊的商業設施東京晴空塔城®（p.78）內的水族館。在天候欠佳的時候最值得一來。

- 東京都墨田區押上 1-1-2 東京晴空塔城
  墨田水族館位於晴空街道 5&6F、天文館位於東塔 7F
- 東武晴空塔線東京晴空塔站、東京地鐵半藏門線、都營地下鐵淺草線、京成線押上站下車，步行 7 分。

由最新技術誕生出
夢幻般的天空世界
**柯尼卡美能達星象儀
"天空"**

可同時感受壯觀的巨大螢幕所播放的影像，和立體音響效果聲音的最新型星象儀。加上坐在會釋放芳香氣體且可舒服平躺的座位，就像立刻進入閃爍天空的旅行。這裡有種類豐富的影片輪流上映，也有描寫美麗四季的 Healing Planetarium。可以欣賞到以最先進的光學技術所創造出來令人感動的影像。

在巨大的球型螢幕所映照出的是壯觀的影像和夢幻般的夜空

打上藍色燈光的休息室

銷售天文館原創品的商店

- 東京都墨田區押上 1-1-2
- 03-5610-3043
- 10:00 ～最終場 21:00（視季節可能變動）館。不定期休館。
- 成人（中學生以上）1500 日圓、兒童（4 歲以上）900 日圓、Healing Planetarium 一律為 1700 日圓。
  ※Healing Planetarium 學齡前兒童不得入場。可使用信用卡。
- http://planetarium.konikaminolta.jp/tenku/

重現小笠原近海海洋的東京大水槽

可以從上下兩側觀察的可愛企鵝最有人氣！
墨田水族館

這間水族館以企鵝的戶外開放型水池為中心，還有可深入了解水母生態的實驗室和近距離觀察綠蠵龜幼龜的水槽等，精心的設計讓大人及和小孩都可以玩得盡興。另外有以小笠原諸島的海洋為主題的大水槽，以及展示日本熟悉的深海魚類等的「江戶リウム」。館內也設有咖啡廳的空間，可以悠閒的欣賞魚群。

有超過 40 隻麥哲倫企鵝的水池　　　透過玻璃可以觀察企鵝的泳姿

打上燈光呈現夢幻氣氛的水母　　　從砂堆中搖晃晃探出頭來的花園鰻

「江戶リウム」的金魚水槽。上方金魚燈籠是由青森睡魔燈籠工匠所製作的　　　水族館附設的商店。最有人氣的是企鵝布偶

03-5619-1821

9:00 ～ 21:00（20:00 截止入館）。無休（因檢修會有臨時休館）。

成人 2050 日圓、高中生 1500 日圓、國中小學生 1000 日圓、幼兒（3 歲以上）600 日圓。

http://www.sumida-aquarium.com（有中文繁體字）

看地圖行動條碼

江戸東京博物館

日 江戸東京博物館　英 EDO-TOKYO MUSEUM

JR總武線兩國站西口步行 7 分。都營地下鐵大江戶線兩國站Ａ3或Ａ4出口步行 1 分。

真實體驗東京的歷史！

將江戶 · 東京的 400 年歷史
以大型模型及實景模型重現

江戶東京博物館就位在相撲殿堂「兩國國技館」的隔壁。建築物的最高處與過去江戶城的天守閣差不多高，距離地面有 62.2 m。以實際大小的模型和細緻的實景模型重現了從江戶到東京的 400 年歷史，時代變遷下城市及人們的模樣，也以各種手法簡單易懂地進行展示。

常設展由 5 樓及 6 樓的兩個樓層所構成。展示場內分為「江戶展區」與「東京展區」。入口位在 6 樓，而出口在 5 樓，因此買完票請先上 6 樓。走過入口處的日本橋，江戶的街道等待著你的到來。

獨特的外觀模仿的是高腳型建築「倉」

江戶展區——常設展示室 5&6F——

以實際大小復原江戶時代街道的起點——日本橋

戲劇小屋——中村座的正面部分以實際大小復原。在小屋前舉行落語及三味線等的表演。

聚集了見世物小屋及雜技表演的兩國橋西側的實景模型

江戶庶民們居住的棟割長屋忠實地重現

江戶庶民的速食——蕎麥麵攤

東京展區
—常設展示室 5F—

明治時代銀座
通的實景模型

明治初期位於銀座 4 丁目的朝野新聞公司的大樓　　忠實復原了戰後庶民典型的集合住宅的房間　　明治到大正期間曾是淺草地標的凌雲閣

其他館內的設施

供應烏龍麵及甜品的餐飲店「両国　茶ら良」，
另外 1 樓有義大利餐廳，7 樓有和食餐廳

有很多適合當伴手禮的和風小物的館內商店

📍 東京都墨田區橫網 1-4-1

📞 03-3626-9974

🕐 博物館為 9:30 ～ 17:30（週六～ 19:30），關館前 30 分截止入館。綠茶處両国茶ら良為
10:00 ～ 18:00（週六為～ 19:30）、FINN'S CAFE & RESTAURANT 與和食處櫻花寮為
11:00 ～ 18:0（週六為～ 20:0）；博物館商店 1F 為 9:30 ～ 17:30、5 F 為～ 17:00。週一（週
一逢假日或補假則翌日休）、過年期間休館。

💴 成人 600 日圓、學生（大學生／研究所生／專科學校生）480 日圓、國／高中生 300 日圓、
65 歲以上 300 日圓。可使用信用卡。

🌐 http://www.edo-tokyo-museum.or.jp

🔊 外語對應服務人員（導覽義工）──✔中文　✔英文
外語對應官網──✔中文繁體字　✔中文簡體字　✔英文
外語對應導覽手冊──✔中文繁體字　✔中文簡體字　✔英文
外語對應語音導覽──✔中文　✔英文

📶 ✔Wi-Fi

看地圖行動條碼

◎ 給台灣遊客的訊息──常設展
有義工提供中文的導覽，另外
也有中文的語音導覽器。導覽
器於 1F 綜合服務台及 3F 售票
處出借，需保證金 1000 日圓。

千葉縣立房總之村

日 千葉県立房総のむら
英 Chiba Prefectural Boso-no-Mura

JR成田線安食站搭乘往　角寺台車庫的巴士車程15分，房　のむら下車步行3分。JR成田站搭乘往　角寺台車庫的巴士車程20分，於　角台2丁目下車步行10分。4月～11月的週六日、假日（8月11日～14日為每天）時，從JR成田站搭乘往房　のむら的巴士車程23分，終點站下車即到。

古老建築物林立的商家街道，是房總之村的主要街道

古老街景綿延的戶外設施

商家、武家屋舍、農家等散布其中，有如江戶時代的日本風景

這裡是面積廣達51公頃的戶外博物館，有東京巨蛋（棒球場）的7.5倍大。主要的展示品是參考了保留在千葉縣佐原市（現在的香取市）等處的古老屋舍，再予以重現後的商家街道景觀。在道路兩側有16間商家──「點心」、「茶葉」、「書籍・瓦版」、「紙」、「工藝」、「褟褟米」、「木工」、「鍛冶」、「陶瓷」、「河魚」、「藥品」、「酒・燃料」、「和服」、「日用品」、「蕎麥麵」、「膳食」等，還有稻荷神社，可以一窺過去日本的街道景觀。

建於江戶時代末期，主屋為2層樓的農家

商家裡有可體驗的活動（付費）。一整年皆有的活動有面具及動物等紙糊人偶的塗色、以褟褟米的表面製作杯墊、蠟燭製作等。各個季節和月份會舉辦陶器製作、折紙、染布、手抄紙等日本的傳統技術，以及蒲燒饅魚、烤麻雀、香魚料理等日本料理的現場烹調。商家的街道景觀氣氛特別，也常作為拍攝電視劇、電影等的外景地來使用。

紙糊人偶的上色體驗（250日圓～）。需時約20分鐘

其他還重現了江戶時代的武家屋舍、3棟名主（地主）的農家、水車小屋、農村歌舞伎舞台等壯觀的建築物及古墳，其中舊御子神家住宅和舊學習院初等科正堂更列入日本的國家重要文化財。這裡還復原了彌生時代與古墳時代的豎穴式住居。在園內還有展示從史前、古代、中世的遺跡出土的土器等的風土記之丘資料館。另外，每個月會舉辦女兒節和七夕、十五夜等日本自古流傳下來的習俗活動。每個季節園內都有美麗花朵陸續綻放，春天時會舉行「櫻花祭」。最受台灣遊客歡迎的伴手禮有富士山的浮世繪（860日圓～）、菜刀（6800日圓～）、裁縫剪刀（7800日圓～）等。

全年皆可試穿盔甲和頭盔。200日圓。需時約20分鐘

5 月黃金週時舉行的春季祭典上，會有雜技表演

4 月上旬的櫻花祭會舉辦各式各樣的活動

建於 1099 年的舊學習院初等科正堂

房總之村的吉祥物「房次郎」的布偶（680 日圓～）

重現了 101 號古墳，還配置了泥偶，是 6 ～ 7 世紀建造當時的模樣

浮世繪的筆記本（400 日圓）和記事本（360 日圓）

左←建於 1780 年，中規模農家的舊御子神家住宅

下↓土藏造樣式的茶店。在 2 樓可以享用和菓子和茶水等

在風土記之丘資料館中展示了古菱齒象的骨骼模型

📍 千葉県印旛郡栄町龍角寺 1028

📞 0476-95-3333

🕐 9:00 ～ 16:30（16:00 截止入館）。週一（逢假日則翌日休）、過年期間公休。

💴 成人 300 日圓、高中・大學生 150 日圓、國中生以下及 65 歲以上免費。不接受信用卡。

🌐 http://www.chiba-muse.or.jp/MURA

🔊 外語對應服務人員——✔英文
外語對應官網——✔中文繁體字 ✔中文簡體字
外語對應導覽手冊——✔中文繁體字 ✔中文簡體字 ✔英文

看地圖行動條碼

💠 給台灣遊客的訊息——這裡是很受台灣遊客歡迎的景點，一年約有 2000 人來訪。請來享受一下日本古老的街道風景。

新宿御苑

日 新宿御苑
英 Shinjuku Gyoen National Garden

JR 山手線／京王線／小田急線新宿站南口步行 10 分。西武新宿線西武新宿站步行 15 分。東京地鐵丸之內線新宿御苑前站 1 出口步行 5 分。東京地鐵副都心線新宿三丁目站 E5 出口步行 5 分。都營地下鐵新宿線新宿三丁目站 C1 出口步行 5 分。

占地遼闊的大都會綠洲

池泉回遊式充滿風情的日本庭園等，由三種樣式的庭園構成

栽種．展示面臨絕種危機品種的大溫室

新宿御苑就位於摩天大樓林立的新宿，面積有 58 萬 3000 ㎡、外圍有 3.5 km，占地十分寬廣，在過去江戶時代是信州高遠藩主內藤家的領地。新宿御苑是 1906 年完成的皇室庭園。在代表明治時代的近代西洋庭園，裡面有三個氣氛不同的庭園。在法式庭園的中央為玫瑰花壇，兩側的懸鈴木樹林有著左右對稱的美麗構圖。義大利風景式庭園則是有遼闊草地及櫸木、馬掛木等巨樹散布在其中，開放感十足。日本庭園則是沿著流水而建的池泉回遊式。

在園內的北側有展示熱帶植物及有絕種危機植物的大溫室。在沖繩區可以看到構成紅樹林的樹種及刺桐等，在小笠原區還可以看到小笠原特有種植物無人野牡丹等。

在日本庭園中立了一座別名為「台灣閣」的舊御涼亭。這個建築物是為了感謝 1923 年皇太子（後來的昭和天皇）行幸台灣，由居住在台灣的日本人志願募款，並在 1927 年獻上以紀念皇太子婚。舊御涼亭採用了清朝中期之後台灣所使用的閩南建築樣式，據說是日本少數正統的中國風建築物。

新宿御苑自古以來也是著名的賞櫻勝地。在園內有收集自日本全國約 65 種、1100 株的櫻花樹，在 3 月下旬開始的花季總是吸引眾多人潮。在秋天時的懸鈴木及楓葉的紅葉也相當迷人，而 11 月 1 日～ 15 日也會在日本庭園舉行淵源自皇室的「菊花壇展」。

上↖大溫室內充滿大自然的感覺
中↖有不少全家同遊的遊客
下←為紀念 1927 年昭和天皇成婚所建造的舊御涼亭

池塘小橋等很有風情的日本庭園

在園內可以看到不少外國人

義大利風景式庭園的開放感十足

被紅葉增色的日本庭園

義大利風景式庭園在春天時有熱鬧的賞花遊客

法式庭園一望新宿的摩天大樓

春天時為園內增加色彩的杜鵑花

5 月時盛開的紫藤花

📍 東京都新宿區內藤町 11

📞 03-3350-0151

🕐 9:00 ～ 16:30（16:00 截止入園）。週一、過年期間公休（逢假日則翌平日休。
3 月 25 日～ 4 月 24 日與 11 月 1 日～ 15 日的週一開園）。

💴 一般 200 日圓、國中小學生 50 日圓、幼兒免費。不接受信用卡。

🌐 http://www.env.go.jp/garden/shinjukugyoen

🔊 外語對應官網──✔英文
外語對應導覽手冊──✔中文簡體字　✔英文

看地圖行動條碼

東京花曆（其2）

✿ **玉蟬花**　6月上旬～下旬
　　堀切菖蒲園──在江戶時代開園的菖蒲園，約有200種、6000株的花菖蒲在水邊盛開。（🚃 京
　　　　　　　成線堀切菖蒲園站步行10分）

✿ **玫瑰**　5月中旬～6月中旬
　　舊古河庭園──以紅磚建造的洋館為背景的西洋庭園中，有180株的玫瑰華麗地盛開。10月中旬
　　　　　　　也有花期。（🚃 地鐵西原站步行7分）

✿ **繡球花**　6月上旬～中旬
　　高幡不動尊──有收集自日本全國的150種、7500株的繡球花在寺院的腹地裡盛開。（🚃 京王
　　　　　　　線高幡不動站步行5分）
　　鎌倉的繡球花寺──以位於鎌倉・北鎌倉的明月院（2500株）、長谷寺（2500株）為首，有很
　　　　　　　多寺院都種植了繡球花，花季時相當熱鬧。（🚃 JR北鎌倉站・鎌倉站、江
　　　　　　　之電長谷站等）

✿ **大波斯菊**　9月中旬～11月3日
　　戰營昭和記念公園──在寬廣的公園裡有3處，合計有550萬株的大波斯菊開滿一整片。（🚃
　　　　　　　JR立川站步行10分）

✿ **菊花**　11月
　　東京都觀光菊花大會──在日本栽種觀賞用菊花的鑑賞會很興盛。這個於日比谷公園舉行的大會，
　　　　　　　會有精心種植的2000盆菊花齊聚。（🚃 地鐵日比谷站步行2分）
　　菊花壇展──皇室有觀菊會的傳統，菊花壇展在曾經為皇室庭園的新宿御苑中舉行。→ p.114（🚃
　　　　　　　地鐵新宿御苑站前步行5分、JR新宿站南口步行10分）

✿ **銀杏的黃葉**　11月下旬～12月上旬
　　東京都的地標樹為銀杏。在東京都內有很多銀杏樹的行道樹，在郊外的紅葉結束之際，就可開始
　　期待逐漸轉黃的銀杏。
　　神宮外苑（地鐵外苑前站）、日比谷公園（地鐵日比谷站）、代代木公園（地鐵代代木公園站）、
　　駒澤奧林匹克公園（東急線駒澤公園站）、等等力雞谷（東急線等等力站）

舊古河庭園玫瑰

昭和紀念公園大波斯菊

神宮外苑銀杏

東京近郊的
熱門景點

江之島

日 江の島
英 Enoshima Island

江之電江之島站步行 25 分、小田急江之島線片　江之島站步行 20 分、湘南單軌電車湘南江之島站步行 25 分。

島上地標——燈塔 SEA CANDLE

可爬上燈塔，走下海邊岩岸，充份享受大自然

江之島名產是魩仔魚丼。這是放了新鮮魩仔魚與竹筴魚的「しらす鯵丼」

距離東京很近，有著美麗的長海岸的湘南海岸，是不分季節都很受歡迎的觀光景點。江之島是位於湘南海岸上以沙洲相連的小島，在島中央有兼作瞭望台使用的燈塔。弓型的悠長海岸和以遠方的富士山為背景的江之島，景色優美，所以也是受攝影師們喜愛的景點。島上燈塔的最頂端因為發光時的形狀像蠟燭，因此有「江之島 SEA CANDLE」的別名。

走過連接島與本土的弁天橋進入島內，就可以看到江島神社的鳥居，在參道兩側有伴手禮店及餐廳林立。一邊欣賞著社殿一邊往島上最高處的瞭望燈塔走去。這座燈塔是位在山繆克金花園內，這座庭園名稱是取自明治時代愛爾蘭貿易商的名字。庭園裡每個季節都種植不同的花作為美麗的裝飾。燈塔的展望台距離海面有 101m 之高，在這裡可以眺望到絕佳的美景。可以一望腳邊的湘南海岸到遠處的太平洋、富士山。越過燈塔後，觀光客人數就會越來越少。想用餐的話，推薦這附近視野較佳的食堂。再繼續往前走就會通往島後側的海岸。在這一側洶湧海浪直接拍打上岸邊，可以欣賞到粗獷的岩岸風景。還有天然成型的長洞窟。

島上東側的海上為 1960 年東京奧林匹克運動會時的帆船競賽會場，在島內也有帆船碼頭。同時這裡也預定為 2020 年東京奧運的會場，想必江之島會再度吸引大家的注意力。

從上空鳥瞰 SEA CANDLE（瞭望燈塔）。在上部有瞭望台

島內最熱鬧的弁財天仲見世通。有伴手禮及餐廳林立

冬季時瞭望燈塔的霓虹燈飾「湘南的寶石」

通往江之島要先走過這條弁天橋

江島神社的鳥居與瑞心門。過去江之島曾是信仰之島

中津宮的社殿。濃郁的色彩極為美麗

內有瞭望燈塔的山繆克金花園。一整年都有花朵綻放

位於島西側的稚兒淵，是稱為隆起海蝕台的地形。晴朗時還可遠眺到富士山

島西側的海蝕洞「岩屋」。有部份開放進入參觀

從本土往弁天橋和江之島望去。江之島是欣賞美麗夕陽的熱門景點

📍 神奈川県藤沢市江の島 2-3

📞 0466-25-3525

🕐 山繆克金花園 9:00 ～ 20:00（19:30 截止入園）。
無休（天氣惡劣時會有臨時休園）。

💴 成人 200 日圓、兒童 100 日圓（瞭望燈塔費用另計）。
不接受信用卡。

🌐 http://www.fujisawa-kanko.jp

🔊 外語對應服務人員── ✔ 英文
外語對應官網── ✔ 中文繁體字　✔ 中文簡體字　✔ 英文
外語對應導覽手冊── ✔ 中文繁體字　✔ 中文簡體字　✔ 英文

看地圖行動條碼

♡ 給台灣遊客的訊息──從遠處欣賞海上的江之島風景雖然優美，在島上的瞭望燈塔遠眺美景也是另一種不錯的選擇，請一定要來走走。

♡ 其他註記事項──島內有付費的電扶梯「エスカー」（上坡專用）。

【注】「えのしま」在日文裡的表示方式同時有「江の島」「江ノ島」兩種。表示地址或行政公文時為「江の島」，但交通機關站名等時則多為「江ノ島」。

江之島電鐵

日 江ノ電（江ノ島電鉄）

英 Enoden(Enoshima Electric Railway)

JR 東海道線・小田急線藤澤站、JR 橫須賀線鎌倉站的各站轉乘。

連接古都鎌倉與觀光勝地江之島的電車

蓊鬱的綠、湛藍的海、島嶼、街道，還有隧道，變化豐富的 35 分鐘

江之電是鎌倉站與藤澤站之間全長只有 10km 區間的地方鐵路，但對一般觀光客來說卻是非常熟悉的路線。在沿線有很多觀光名勝，因為沒有辦法一次走完，所以有很多遊客是為了不同季節的風景，一年到訪這裡好幾次。

古都鎌倉有很多寺社散佈其中，在鎌倉站周邊有鶴岡八幡宮、建長寺。長谷站周邊則是以高德院的鎌倉大佛、長谷寺最為出名。稻村崎站到鎌倉高校前站的沿岸有很多可眺望海景的咖啡廳及餐廳。江之島站則是通往江之島及新江之島水族館的門口。每個地方在春季有櫻花、初夏有紫陽花、秋天有紅葉，四季各有它美麗之處。

另外在鐵路迷、攝影迷之間，江之電也是非常有人氣的路線。最大的理由，就是它在短短的區間中不斷變化的景色。望著江之島風景、沿著海岸線奔馳的電車，以及以湘南大海為背景，穿越因卡通而名聲大噪的平交道的電車，還有穿越綠意昂然的山間隧道，最後再和汽車平行奔走的路面區間等，全部都是讓人想收進底片的風景。

想購物的話就推薦到鎌倉站附近的小町通。如果是 1 天的觀光行程，可以從鎌倉站開始，上午先巡禮寺院及大佛，中午在稻村崎站附近可以看海的餐廳用餐，下午再參觀江之島，欣賞完美麗夕陽後再回到藤澤站。從藤澤站有 JR 通往橫濱、品川、東京方面，或搭乘小田急線往新宿，不用轉車即可直達。

中段附近的路面區間與汽車並行的江之電

因動畫「灌籃高手」而一躍成名的鎌倉高校站旁平交道

可以看到充滿迫力的流鏑馬的鎌倉祭

以「鎌倉大佛」一名為人熟知的高德院長谷大佛

長谷寺的別名為紫陽花寺。梅雨時期的風情畫

夏季時東濱海水浴場因泳客而熱鬧滾滾

被楓葉染成紅色的長谷寺境內（提供／長谷寺）

稻村崎附近以江之島及富士山為背景的美麗海岸風景

在江之島站相會的江之電的電車

在鎌倉高校站附近的海岸線以江之島為背景奔跑中的江之電電車

（江之島站）神奈川県藤沢市片瀬海岸 1-4-7

0466-24-2713

藤澤站首班 5:36 往鎌倉末班 23:18、鎌倉站首班 5:47 往藤澤末班 23:03。無休。

藤澤—江之島成人 220 日圓、兒童 110 日圓、一日乘車券「のりおりくん」
成人 600 日圓、兒童 300 日圓。不接受信用卡。

http://www.enoden.co.jp

外語對應官網── ☑ 中文繁體字　☑ 中文簡體字　☑ 英文

看地圖行動條碼

給台灣遊客的訊息──江之電
的沿線區域不分季節，一整年
都能盡興暢遊。

東京迪士尼度假區

日 東京ディズニーリゾート
英 Tokyo Disney Resort

🚉 JR 京葉線／武藏野線的舞濱站（南口下車，至東京迪士尼樂園步行 4 分、至東京迪士尼海洋步行 10 分。

大人和小孩都可一齊同樂
第一次去的話先從東京迪士尼樂園開始，用一日護照盡情玩透透

　　說到任何世代都會喜歡的主題樂園，就屬東京迪士尼樂園了；但為了避免混亂，要先知道的是東京迪士尼度假區內有東京迪士尼樂園與東京迪士尼海洋兩處。在東京迪士尼度假區內另外還有 3 棟迪士尼飯店與 6 棟官方飯店。

　　東京迪士尼度假區無論「東京迪士尼樂園」或「東京迪士尼海洋」在擁擠日時，人氣遊樂設施會需要排隊，等待 30、40 分是理所當然的。在這裡為了避免擁擠，說明幾項享受東京迪士尼度假區時要注意的重點。首先最好要避開週六日、日本的國定假日、春假（從 3 月中旬到 4 月中旬）、暑假（從 7 月中旬到 8 月底）、黃金週（從 4 月底到 5 月上旬），選擇人較少的平日。

　　門票則建議事先購買入場票券。尤其是在擁擠日時，連購買入場票券及預售票領票口都會大排長龍，所以建議購買不需換票就可直接進場的附二維條碼「迪士尼 e 票券」。這個票券可以在網路上購買。

　　再來進入園內後，人氣遊樂設施總是大排長龍，這時有「快速通行票」就很方便。持該票券在遊樂設施前取得指定時間的預約票，只要依時間回來就可以不用排隊直接搭乘遊樂設施。只是快速通行票有張數的限制，需特別注意。在東京迪士尼度假區的日文網站上有提供各遊樂設施等待時間的服務，可透過智慧型手機作確認。

刺激滿分的「巨雷山」。搭礦山列車穿越荒蕪的金礦山舊跡

來到東京迪士尼樂園絕對不能錯過的就是室外的遊行。迪士尼的卡通人物們讓觀眾們都充滿了幸福的心情

上↑迎接客人米奇與米妮，讓人興奮的時間就要開始

下↓佇立於會場中央的灰姑娘城堡是東京迪士尼樂園的地標

搭乘蒸氣火車繞行探險樂園一圈的「西部沿河鐵路」，嬰兒也可以搭乘

左←進到灰姑娘城中就是灰姑娘故事裡的世界。「仙履奇緣童話大廳」

右→「心願寄星空」。迪士尼電影的主角們閃耀登場的燈光遊行

東京迪士尼樂園
東京迪士尼海洋

由迪士尼的角色人物迎接大家。會見到誰是當天才會知道的驚喜

「發現港」是穿越時空的未來港灣。是連結未來與過去的不可思議世界

「茉莉公主的飛天魔毯」是在電影「阿拉丁神燈」中登場的魔毯。會上下及傾斜，像是自由飛翔在天空的感覺

「跳躍水母」是坐在貝殼上與水母一起在海中漂浮般的設施

📍 千葉縣浦安市舞浜 1 - 1

📞 0570-00-8632（服務中心 9:00 ～ 19:00）

🕐 平日 10:00 ～ 19:00、週六日及假日為 8:00 ～ 22:00（依日期變動，詳細請參照官網月曆）。無休。

💴 1 日護照：全票 18 歲以上 7400 日圓、學生票 12 歲～ 17 歲 6400 日圓、兒童票 4 ～ 11 歲 4800 日圓。可使用信用卡，有部份信用卡不接受。

🌐 http://www.tokyodisneyresort.jp/tc/

🔊 外語對應服務人員── ✔ 中文 ✔ 英文
外語對應官網── ✔ 中文繁體字 ✔ 中文簡體字 ✔ 英文
外語對應導覽手冊── ✔ 中文繁體字 ✔ 中文簡體字 ✔ 英文

看地圖行動條碼

💚 給台灣遊客的訊息──東京迪士尼度假區是無論年齡、國籍，所有人都可以透過同樣的體驗，一起歡笑、驚喜、新發現，並且樂在其中的世界。

麵包超人和咖哩麵包超人們一起迎接你

橫濱麵包超人兒童博物館 &商場

日 横浜アンパンマンこどもミュージアム &モール

英 ANPANMAN CHILDREN'S MUSEUM & MALL

港區未來線新高島站大通高島出口步行7分。
市營地下鐵藍線高島站步行7分。

置身麵包超人的世界

有很多可以見到麵包超人與伙伴們的遊戲區域！

曾在台灣的電視台播出，深受小朋友們歡迎的麵包超人，在日本最早是1988年開始在電視上播出的。在那之前是先出版成繪本，因其大受歡迎而開始在電視上播放。直到現在，麵包超人仍廣受日本的小朋友們喜愛，每週五下午4時20分～30分會在日本電視台系列於播出。

參觀路線從3樓開始。一出電梯就能看見麵包超人、咖哩麵包超人、吐司超人等40位卡通明星羅列其中的「迎賓模型」。看到這一幕的孩子們都會發出「哇－」的歡呼聲並露出笑臉，從此處進入麵包超人的世界。這裡也是拍攝紀念照的絕佳地點。仔細窺視「發現模型」中的細菌城堡，可以看到重現後的細菌人與紅精靈（小病毒）的房間。在「體驗模型」中還有麵包工廠，可以駕駛麵包超人號。

2樓的「大家的小鎮」裡有「冰淇淋」、「壽司」、「蓋飯」等3間店，可以玩商店老闆的辦家家酒。而在小河馬等人就讀的學校，也就是咪咪老師的學校中，每天都會舉辦勞作教室和畫圖等活動，在KIDS ROOM中也可以欣賞布偶劇和連環畫劇。最受歡迎的是1樓的「柳瀨嵩劇場」，會有麵包超人及他的朋友們登場進行15～20分鐘的表演。相鄰的購物商場為免費入場。在「果醬叔叔的麵包工廠」裡，大量使用北海道產紅豆的麵包超人（310日圓）最為暢銷。與麵包超人相關的角色周邊商品更是應有盡有。

麵包超人兒童博物館在仙台、名古屋、神戶、福岡也設有據點。

在交流時段時可以和麵包超人握手

在博物館可以遇見麵包超人與他的朋友們

有麵包超人與其他角色登場的迷你舞台

重現卡通世界的「友誼小鎮」

在勞作教室可以製作麵包超人等角色的面具

於購物商場銷售的紅精靈限定商品

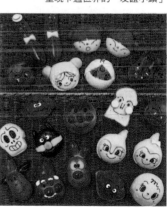
於購物商場可以買到的角色麵包

📍 神奈川縣橫濱市西區灣未來 4-3-1

📞 045-227-8855

🕐 博物館 10:00~18:00（17:00 截止入館）。購物商場 10:00～19:00。ANPANMAN & PEKO'S KITCHEN 為 10:00～20:00（最後點餐 19:00）。1 月 1 日公休。有臨時休館。

💴 1 歲以上 1500 日圓（小學生以下贈送紀念品）。部份可使用信用卡。

🌐 http://www.yokohama-anpanman.jp

🔊 外語對應服務人員──☑中文 ☑英文
外語對應官網──☑中文繁體字 ☑英文
外語對應導覽手冊──☑中文繁體字 ☑英文

看地圖行動條碼

❤ 給台灣遊客的訊息──從台灣來的遊客量連年增加，在 2015 年的夏天約有 4000 人次到訪。

©T.YANASE/FROEBEL-KAN・TMS・NTV

川崎市 藤子・Ｆ・不二雄美術館

日 川崎市 藤子・Ｆ・不二雄ミュージアム

英 FUJIKO・F・FUJIO MUSEUM

小田急線及 JR 南武線，在登戶站搭乘川崎市巴士接駁車，每 10 分鐘 1 班，需時 9 分。

創造出「哆啦Ａ夢」的漫畫家美術館

連同「溫柔」及「溫暖的心」
傳達哆啦Ａ夢等角色的
藤子世界全貌

哆啦Ａ夢最喜歡的食物就在藤子屋！1 個 210 日圓

美術館位於自然豐饒的生田綠地一隅

美術館位於生田綠地的一角，從登戶站搭乘接駁車是最方便的，但如果時間充裕，從向丘遊園站悠閒地走過去也不錯。建築本身比想像中要大上許多，走現代風的設計。來吧，藤子・Ｆ・不二雄的世界就在眼前。館內外的每一處，都有哆啦Ａ夢和小超人帕門等卡通明星等候你的光臨。在入口處租借語音導覽器「おはなしデンワ」後出發吧！

首先前往 1 樓的展示室 I。在這裡可以搭配語音導覽器的解說，近距離地觀看代表作的原畫。在老師的房間中帶了點神聖的氣氛，抬頭一看盡是老師龐大智慧的來源，宛如摩天大樓。而 2 樓的展示室 II 裡，進行著各主題的企劃展。目前正舉行「哆啦Ａ夢與快樂快樂月刊 40 周年展」，展期至 2018 年 1 月 15 日。另外可以自由閱讀作品的漫畫空間，以及播放原創短編動畫的 F 影院也在同一層樓。

在展示室 I，拿著語音導覽「おはなしデンワ」熱衷地觀賞原畫

由 3 樓走出室外，等著遊客的是讓人湧現懷念情緒的「空地」及「嗶之助的池塘」。在這裡可以悠閒地休息。在那之前，先順路到藤子屋享用一下哆啦Ａ夢最喜歡的銅鑼燒。肚子餓了或是想喝個咖啡休息一下，則可以到同一層樓的美術館咖啡廳。

品嘗著與角色相關的餐點，想必會更加感動。最後不要忘了在 1 樓出口前方的美術館商店購買滿懷一天回憶的伴手禮。

2 樓的展示室 II 裡時常都會舉行企劃展

空地上的水泥管，讓人不自覺想跨坐上去

在漫畫空間和哆啦A夢一起放鬆一下

老師工作時的桌子保留著原來的模樣

「小超人帕門，你在想什麼呀」「和你想的一樣啊」

美術館商店裡，此處限定的商品非常熱門

美術館咖啡廳裡有很多充滿玩心的餐點

空地餐盤是很受歡迎的一道餐點。
1200 日圓
（有季節性變化）

好想要這個！
竹蜻蜓髮圈。
1008 日圓

哆啦美的玩偶吊飾。
702 日圓

看地圖行動條碼

📍 神奈川県川崎市多摩区長尾 2-8-1

📞 0570-055-245（全面）、0570-000-777（票務）

🕐 10:00 ～ 18:00。入館時間為 10:00、12:00、14:00、16:00，1 天 4 場。不清場。
週二、12 月 30 日～ 1 月 3 日為公休日。臨時休館日請上官網確認營業日程。

💴 成人・大學生 1000 日圓、國・高中生 700 日圓、兒童 500 日圓、3 歲以下免費。
門票為日期時段指定制，在 LOWSON 於每月 30 日起銷售下下個月份的門票。來
自台灣的遊客，建議到達日本後於最近的 LOWSON 店內以 Loppi 購買。詳細請
見ローチケ HMV（http://l-tike.com/fujiko-m/）。不接受信用卡。

🌐 http://fujiko-museum.com

🔊 外語對應官網——✔ 英文
外語對應導覽手冊——✔ 中文簡體字 ✔ 英文

♡ 給台灣遊客的訊息——不只是「哆
啦A夢」，希望大家也能來感受其
他更多的作品。咖啡廳・餐廳／美
術館咖啡廳。禮品商店／美術館商
店、禮品店藤子屋。

♡ 其他註記事項——語音導覽、哺乳
室、無障礙空間、多功能洗手間、
輪椅（2 台）／嬰兒車不可入館。

©Fujiko-Pro

橫濱八景島海島樂園

日 横浜・八景島シーラバラタス

英 Yokohama Hakkeijima Sea Paradise

Seaside Line 八景島站下車。Seaside Line 在京濱急行線金澤八景站或 JR 根岸線新杉田站轉車。

八景島入島免費，可購買通票遊玩水族館與遊樂設施

位於海上的娛樂島

橫濱八景島海島樂園是被海洋環繞的島嶼，這裡附設了水族館、遊樂器材、購物中心、飯店等，為複合型的休閒設施。離島最近的車站是 Seaside Line 八景島站，短暫步行即可到達。因為入島免費，所以可以到島內散步，或自由到餐廳用餐及購物。需付費的設施主要有兩個，一個是由水族館的四座設施所構成的 AQUA RESORTS，另一個是 PLEASURE LAND，有 15 種有趣的遊樂設施。兩個設施或遊樂設施可以分別付費使用，但如果想逛水族館又想玩遊樂設施的話，則建議購買 1 票到底的 One Day Pass。

在 AQUA RESORTS 裡，有可以觀察海洋生物、觀賞動物秀的 Aqua Museum，及以海豚為主題、夢幻般的水族館 Dolphin Fantasy，還有可以進行和動物們互動的各種體驗的 FUREAI Lagoon，和以海育為概念的 UMI FARM。

在 PLEASURE LAND 裡有 15 種充滿刺激驚險的遊樂設施，有在海上軌道疾速奔馳的波浪雲霄飛車和海上騎士 II、小朋友也可以安心遊玩的海洋列車和旋轉木馬等。

用餐的地方也有正統的和食及洋食餐廳，還有披薩、義大利麵、麵類、可樂餅等速食店，種類豐富，可以依目的及預算作選擇。最後可在商店採買一下旅行的紀念品。

左上↑伴手禮中最有人氣的是白海豚的布偶。M1944 日圓、S1007 日圓（含稅）

從上空鳥瞰橫濱八景島海島樂園。對岸的沙灘是名為海濱公園的人工沙灘

上↗眼前一片東京灣的風景，「海上的娛樂島」名符其實。三角型屋頂的建築物是 Aqua Museum

中↗可觀賞沙丁魚大群泳的 Aqua Museum 大水槽「成群與閃耀的魚兒們」

下→在 AQUA RESORTS 的 Dolphin Fantasy 中可以仰望在閃耀的海中海豚的美麗泳姿

左←搭乘橡膠船沿著急流而下，PLEASURE LAND 中的遊樂設施「海上騎士Ⅱ」

右→上上下下旋轉，讓人尖叫不斷的遊樂設施「旋轉章魚」

左←可近距離觀察、碰觸生物的 FUREAI Lagoon。白海豚就近在眼前！

右→ AQUA STADIUM 裡海豚陸續大跳躍！海獅及海象的表演也很有人氣

配合音樂舞動的煙火。煙火交響曲

餐廳「海上餐館」裡提供現烤麵包的自助餐

餐廳「海のバーベキュー燒屋」裡提供海鮮的 BBQ

看地圖行動條碼

♡ 給台灣遊客的訊息──橫濱・八景島海島樂園裡有水族館及遊樂設施等，是可以玩上一整天的休閒設施。每個季節都準備了各式各樣的活動，等待大家前來遊玩。

📍 横浜市金沢區八景島

📞 045-788-8888

🕐 Aqua Museum 平日 10:00 ～ 18:00、週六日及假日 9:00 ～ 20:00、PLEASURE LAND 平日 10:30 ～ 18:30、週六日及假日 10:00 ～ 20:00（視設施季節而異）。無休。

¥ 島內入場免費。水族館、遊樂設施全部需另外付費（費用範例：ONE DAY 成人・高中生 5050 日圓、國中・小學生 3600 日圓、4 歲以上的幼兒 2050 日圓。水族館 4 設施與海洋動物表演的 AQUA RESORT PASS 成人・高中生 3000 日圓、國中・小學生 1750 日圓、4 歲以上的幼兒 850 日圓。15 種遊樂設施通票 PLEASURE LAND PASS 成人・高中生 3000 日圓、國中・小學生 2650 日圓、4 歲以上的幼兒 1550 日圓。）可使用信用卡。

🌐 http://www.seaparadise.co.jp

🔊 外語對應服務人員──☑ 英文　　外語對應官網──☑ 中文繁體字　☑ 中文簡體字　☑ 英文
外語對應導覽手冊──☑ 中文繁體字　☑ 中文簡體字　☑ 英文

富士急樂園

中 富士急ハイランド

英 Fuji-Q Hailand

巴士：從新宿站搭乘高速巴士 100 分鐘。電車：從新宿站搭乘 JR 中央本線特急於大月站轉車，於富士急線樂園站下車，車程約 2 小時。

主要入園口。眼前就有巴士站

「ええじゃないか」扭轉的軌道

上小學後一定要去富士山麓！

刺激與興奮的遊樂設施大集合，讓人玩到忘記時間

「ええじゃないか」突出於兩側的座席一邊旋轉一邊奔跑在軌道上

有著多項刺激的雲霄飛車及鬼屋而聚集人氣的遊樂園「富士急樂園」，距離東京都心不到小時，有很多只在這裡才能體驗的遊樂設施，非常值得一來。以下介紹具代表性的人氣遊樂設施。

人氣 No.1 的雲霄飛車是「高飛車」，以垂直角度超過 121 度的角度落下。看著天空上昇至最高點，再以時速 100km 高速落下，可享受看不到掉落方向的恐怖感與速度感。

而總迴轉數是世界第一，超出常識的雲霄飛車「ええじゃないか」，以最高時速 126km 奔跑在扭轉的軌道上，座位本身還會前後回轉。因為腳部懸空沒有地板可以支撐，是有如在空中旋轉的刺激體驗。

「雲霄飛車之王 "FUJIYAMA"」的最高時速為 130km、最大落差為 70m、最高部為 79m 等，都是世界最高規格的雲宵飛車。搭乘時間長達 3 分 36 秒，軌道落差大且變化豐富，尤其是在晴天時近在眼前的富士山雄偉風景，是雲宵飛車迷的話，一定會想體驗一次。

以最快加速度聞名的雲霄飛車「DODONPA」，再進化成

「高飛車」最大特徵就是從最高處掉落時就像是鑽進地心一樣！

在廣大的腹地中大型遊樂設施林立。遠眺富士山的美景

日本最大等級雲宵飛車「FUJIYAMA」壯觀軌道全景

來到這裡一定要搭過「FUJIYAMA」才能回家！

總之就是極快速的「DO・DODONPA」。最高時速180km！

商店 FUJIYAMA。在園內還有其他多間商店，也有多種原創商品

「DO・DODONPA」！爆發似出發後僅 1.56 秒即到達最高時速 180km，請務必來體驗！

　而被稱為日本最可怕、超有名的鬼屋「最恐戰慄迷宮」強度再上昇為「絕凶戰慄迷宮～塗滿鮮血的病房」，以廢棄醫院為主題，四面八方突然出現且急追而來的鬼，佈景及聲音味道等，無法言喻的恐怖感襲來，黑暗的通道沒有退路，長達 900 公尺，給您一個小時毛骨聳然的恐怖體驗。

左↖從外觀就充滿恐怖感的鬼屋「絕凶戰慄迷宮～塗滿鮮血的病房」
右↗心臟不好的人可能不要進入的「絕凶戰慄迷宮～塗滿鮮血的病房」內部模樣

📍 山梨縣富士吉田市新西原 5-6-1

📞 0555-24-6711

🕐 9:00 ～ 17:00（週六日及國定假日～ 18:00）※ 依季節而異全年無休（有不定休）。

¥ 成人 1500 日圓、國・高中生 1500 日圓、兒童（3歲～小學生）900 日圓、通行護照（入園費＋自由搭乘遊樂設施）成人 5700 日圓、國・高中生 5200 日圓、兒童 4300 日圓。可使用信用卡（部份商店不接受）。

🌐 https://www.fujiq.jp

🔊 外語對應服務人員——✔中文（部份可）　✔英文（部份可）
外語對應官網——✔中文繁體字　✔中文簡體字　✔英文
外語對應導覽手冊——✔中文繁體字　✔中文簡體字　✔英文

📶 ✔Wi-Fi（部份可）

看地圖行動條碼

◇ 給台灣遊客的訊息——歡迎來這裡盡情享受世界文化遺產的富士山的絕美風景，以及刺激的遊樂設施。

◇ 其他註記事項——溜冰場在冬季期間（11月～3月）時會營業，因為也提供溜冰鞋出租，即像初學者也可以體驗溜冰。如果時間充裕，也可以住宿在富士急樂園的官方飯店「HIGHLAND RESORT」。有住宿與入園費的套票優惠。

米其林指南也推薦
自然及信仰的山岳
遇見天狗、飛翔的鼬鼠、富士山美景，
登上充滿綠意的休憩之山

可接觸到大自然，距離又近的高尾山（599m），在過去長年都以東京人休憩的山林而被大家所喜愛，而近年被米其林指南介紹後，外國觀光客也開始大量湧入高尾山。

登山的起點是京王線高尾山口站。在站前有服務處，在這裡取得地圖及情報（有美食或伴手禮情報）。從山麓走主要路線到山頂約需要2小時，但到尾根搭乘高尾登山電鐵的纜車或爬山電梯會輕鬆很多。從纜車終點的高尾山站只需再步行1小時即會到達山頂。

高尾山自古以來就是信仰的山岳，登山道就是高尾山藥王院的參拜道。在這之間有茶店及餐飲店林立，相當熱鬧，也保留著杉樹林。最後到達的是藥王院的本堂。據說開堂已有1300年之久，是關東地區數一數二的古剎，也是修行的聖地，在院內祭祀著大大小小的守護神天狗。

通過奧之院後就是充滿綠意的山路，到山頂約需20分。這裡有個小小的廣場，有的登山者在這裡享用便當，或遠眺尋找富士山（空氣清澈的冬季晴天時一定看得到）。這裡也有茶店及遊客中心。

下山後如果時間充裕，推薦改走稻荷山路線。到山麓約需1小時30分，在這條路線可以享受在綠意中的寧靜山間散步。而逛位於山麓的伴手禮店也是樂趣之一。高尾山名產的山藥蕎麥麵在山麓、山上的店家都可以享用到。在京王高尾山溫泉／極樂湯或高尾559博物館的咖啡廳恢復疲勞、悠閒放鬆一下也不錯。

高尾登山電鐵的纜車。在新綠及紅葉時期有絕佳的風景。🕐 8:00～每隔15分1班（末班時間依季節而異）★ 042-661-4151 ★成人單程480日圓來回930日圓、兒童單程240日圓來回460日圓。照片提供：高尾登山鐵道

搭乘回音爬山電梯欣賞風景。🕐 9:00～16:30（12～4月為～16:00）。與其他纜車相同，但3歲起即適用兒童票價。照片提供：高尾登山鐵道

高尾山站名產的天狗燒，甜甜的香氣讓人忍不住購買。店香住「天狗」🕐 9:00～16:00 ★ 042-665-1808 ★無休（有臨時公休）。天狗燒1個140日圓。

左上↖主要路線的兩側有很多茶屋及
速食店。山藥蕎麥麵是高尾山的名產。
中上↖在高尾山頂標識前拍張紀念照
右上↗稻荷山路線可以享受綠意中寧
靜的山間散步

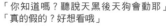

高尾山藥王院。在院內護摩火供的焚煙
不斷，隨時都聚集了男女老幼的信徒。
📍東京都八王子市高尾町 2177 ★ 042-
661-1115

「你知道嗎？聽說天黑後天狗會動耶」
「真的假的？好想看哦」

只有在藥王院院內才買得到的天狗鼻子
麻花條 4 種類各 330 日圓

高尾 599 博物館是以藝術方式展示高尾山的動植物與大自然的
設施。明亮的咖啡廳也很舒適。提供 Wi-Fi。📍八王子市高尾町
2435-3 ★ 042-665-6688 ★ 8:00 ～ 17:00（12 ～ 3 月 ～ 16:00、
入館為 30 分前）★ 無休（設施檢修日除外）★ 免費 ©photo/taiji
yamazaki

下山後的期待是到京王高尾山溫泉極樂湯泡湯。📍八王子市高尾
町 2229-7 ★ 042-663-4126 ★ 8:00 ～ 23:00（最後入館 22:00）★
無休（設施檢修日除外）

📍 京王線高尾山口站前高尾山口觀光服務處（むささびハウス）

📞 042-673-3461

🕐 8:00 ～ 17:00（12 ～ 3 月～ 16:00）。無休。

🌐 http://www.hachioji-kankokyokai.or.jp

🔊 外語對應服務人員──☑ 中文 ☑ 英文
外語對應官網──☑ 中文繁體字 ☑ 中文簡體字 ☑ 英文
外語對應導覽手冊──☑ 中文繁體字 ☑ 中文簡體字 ☑ 英文

看地圖行動條碼

💚 給台灣遊客的訊息──豐富的
大自然讓人不敢置信它就位在
東京近郊，歡迎來享受一下。

💚 其他註記事項──殘障者用、
多功能洗手間位於高尾山口
站、高尾 599 博物館、藥王
院、高尾山頂前。

三鷹之森 吉卜力美術館

日 三鷹の森 ジブリ美術館
英 GHIBLI MUSEUM, MITAKA

🚃 JR 總武線・中央線三鷹站南口步行 15 分，或搭乘接駁小巴士（付費）約 5 分。

沿著螺旋樓梯登上屋頂花園後看到的是「天空之城」裡登場的機器人士兵。身高約 5 m 的機器人士兵筆直佇立著，就好像是守護著吉卜力美術館一樣。

壁畫
美術館的入口。畫滿一整面天花板的壁畫，仔細看就會看到各種生物和吉卜力作品中的登場人物們。

森林裡不可思議的美術館
進入吉卜力作品世界裡，體驗不可思議的感動

吉卜力美術館就位在井之頭恩賜公園裡蒼鬱森林的一角。這座美術館為地上 2 層、地下 1 層、裡面有著螺旋樓梯及空中走廊，構造十分特別。在常設展示室內有可以看到 1 部卡通電影到完成前的所有製作過程，還有播放原創短編卡通動畫的小型電影院、小朋友（小學生以下）可以實際體驗搭乘軟呼呼的貓巴士區，以及陳列了推薦書籍的圖書室等，有很多充滿魅力的區域，和只有在吉卜力工作室才能體驗到的世界觀。在商店「曼馬由特」裡陳列有美術館的原創商品，在咖啡廳「草帽」中則可以享受到溫暖的家庭料理。

左←中央大廳
感受得到風吹與光線的挑高中央大廳。天花板的玻璃半球型屋頂裡，畫了黃色鯨魚和波妞

右→映像展示室
位於地下 1 樓的映像展示室「土星座」。播放只有在這裡才看得到的原創短編卡通動畫

電影誕生的地方
可以親身體驗一部電影製作過程的展示室。牆壁上貼滿了素描和插圖，桌上也放著畫到一半的圖畫

龍貓的售票亭
有龍貓迎接客人的櫃台小屋。但這裡是假的售票亭

東京都三鷹市下連雀 1-1-83

美術館為 10:00 ～ 18:00（關館）、咖啡廳為 11:00 ～ 19:00。週二、過年期間休館 ※ 因維修會有不定期休館。

需事先預約日期及時段。在台灣購票請向東南旅行社洽詢 http://www.settour.com.tw。可使用信用卡。

http://www.ghibli-museum.jp

外語對應官網── ✔ 英文
外語對應導覽手冊── ✔ 英文

看地圖行動條碼

給台灣遊客的訊息──若計畫在日本旅行中來到吉卜力美術館，建議在出發前先在台灣購妥門票。

©Museod'Arte Ghibli

東京 基本 情報

■歷史

在 1603 年以東京的舊名稱設置江戶幕府，開始了江戶時代，也是為現在的東京打下基礎。在那之前日本的政治、文化的中心有長達 800 年都是在西邊的京都。而江戶時代最興盛的時期，推測人口超過 100 萬人。

而開始使用「東京」這個名稱，是在 1868 年江戶幕府垮台，明治政府誕生時將江戶改為「東京」並定為日本的首都。

在明治、大正、昭和時代期間，東京的人口不斷增加，在 1920 年時已經有 370 萬人。而第二次世界大戰末期的 1945 年時，東京受到美軍大規模的空襲，使得大片街道全化為了焦土。

戰爭結束後，東京馬上開始進行重建。到 1964 年的東京奧林匹克運動會時，幾乎戰後的復興建設都已完成，進入新的高度經濟成長的時代。政治經濟文化等各方面都成為日本的中心而發展至今，但到現在重心過度集中於東京的弊處也越來越顯見。

■地理與人口

東京都的形狀為東西向的橫長形。在東邊的 3 分之 1 是 23 區集中的地區，為經濟活動的中心地，中央的 3 分之 1 的市、郡部為郊外住宅區，西邊的 3 分之 1 的山地部則是廣大的森林地。除此之外，散佈顧東京南方的太平洋上的大島、八丈島等島嶼，也都隸屬東京都。

東京的面積只占了日本國土整體不到 0.6%，但人口高達 1 千 351 萬人。日本的總人口數為 1 億 2681 萬人，因此日本的人口約有 1 成集中在東京。（2016 年 2 月現在）

■氣候與服裝

日本屬於溫帶氣候，而東京就位在太平洋側接近中央的位置，是偏溫暖且舒適的氣候。四季分明，每個季節都各有特色，季節變化也對生活造成極大的影響。接下來就依四季來看看東京氣候的特色。

春（3～5 月）

3 月時會有需要厚大衣的寒冷天氣，從 3 月底到 4 月上旬的櫻花季節結束之後，則可不用再穿大衣。而從 4 月底到 5 月的黃金週左右，樹木開始冒出新芽，白天溫暖只要穿短袖即可。這個時期溫暖的日子偏多也較少下雨，非常適合旅行，但早晚較冷，建議最好帶著長袖的上衣。

夏（6～8 月）

從 6 月底到 9 月上旬是一年裡最熱的時期。過去每年從 6 月下旬到 7 月中間為雨季（梅雨），下雨不斷且溼度很高。梅雨結束後的 7～8 月氣溫很高且悶熱。在日本，最高氣溫在 30℃ 以上的日子稱為盛夏日、35℃ 以上稱為猛暑日。而進入夜晚時氣溫也未降到 25℃ 以下的時候稱為熱帶夜，在 8 月時常會連續有好幾天的猛暑日、熱帶夜。準備行李時，可以依照台灣夏天的服裝作準備。

秋（9～11 月）

進入 9 月後仍會持續著稱為殘暑的盛夏日。而從 8 月到 10 月期間日本為颱風的通路，每年都會有好幾次大型颱風來襲。每一次颱風過後就會涼快一些，稱為「秋晴」的好天氣會持續一陣子。是白天可以只穿短袖，早晚要加上一件長袖的氣候，非常舒適。在東京的奧多摩地方（東京都西部的山區）的樹葉在 10 月下旬左右也會開始轉紅。到這個時期時就會開始需要外套。

冬（12～2 月）

到 12 月後就正式進入冬天，而一年最寒冷的時候是從 1 月底到 2 月這段期間。早上氣溫會降到接近 0℃，最高氣溫不到 10 度的日子也偏多。每年都會有數次的降雪。防寒用的大衣是一定要的。最好也帶著手套、帽子等防寒工具。

■旅行的旺季

日本國內的旅行旺季有三個尖峰。這個時期到海外旅行的人增加，因此由日本出發的機票會變貴，甚至訂不到。

第一個尖峰是 12 月 30 日～1 月 3 日的元月第一個星期。這個時期與學校的寒假（約是 12 月 24 日～1 月 8 日的 2 個星期）重疊，有很多在元月回老家的旅行者。

第二個尖峰是 8 月的 15 日包含盂蘭盆節的前後 1 星期。這個時期與學校的暑假（約是 7 月 20 日～8 月 31 日的 6 個星期）重疊，會有很多人在這時返鄉或出門旅行。

第三個尖峰是 4 月 29 日～5 月 5 日的黃金週。這個時期氣候佳，觀光景點都會有很多觀光客。

另外日本的春假為 3 月底到 4 月之間，還有和秋天觀光旺季重疊的秋季連休等時期，觀光地都會較擁擠。

東京附近的觀光景點受影響最大的就是東京迪士尼樂園。可以的話盡可能避開以上期間，比較可以玩得悠閒一些。

除此之外，最近在 3 月底到 4 月上旬的櫻花時期，外國觀光客有增加的傾向，東京的飯店會變得一室難求。而日本過的是國曆的新年而沒有農曆新年的習慣，因此過年時期出門旅行的人不多。

在這裡取得東京的情報

東京觀光信息中心

📍 **都廳本部**
東京都廳第一本廳舍一樓★新宿區西新宿 2-8-1 ★ 9:30 ～ 18:30 ★過年期間休假★ Tel 03-5321-3077 ★ 🖥 JR ／京王線／小田急線／東京 METRO 丸之內線的新宿站西口步行 10 分、都營大江戶線都廳前站步行 2 分。

📍 **羽田機場分部**
羽田機場國際線航站樓★大田區羽田機場 2-6-5 ★ 9:00 ～ 23:00 ★無休★ Tel 03-6428-0653 ★ 2 樓到達口附近

📍 **京成上野分部**
京成上野站★台東區上野公園 1-60 ★ 9:30 ～ 18:30 ★無休★ Tel 03-3836-3471 ★剪票口前

東京觀光官方網站——GO TOKYO
http://www.gotokyo.org/tc/

由東京都觀光財團負責營運的網站。從各種角度介紹東京的魅力。有各種主題的標準行程和活動行事曆、各區域的導覽、前往東京的交通方式等，有很多值得參考的內容。（有繁體中文字）

前往東京都內 的交通方式

■從羽田機場出發

羽田機場國際線航廈的入境大廳是位於 2 樓。而往都心的交通工具乘車處,京急電車是在地下 1 樓,東京單軌電車是在 3 樓,巴士的乘車處則是在 1 樓(售票處在 2 樓)。

京急線為私鐵電車,可以在品川站轉乘 JR 線。是進入羽田機場唯一的鐵路,值得使用。而欲前往都內各處時,可在品川站轉乘 JR 山手線。從品川開始鐵路會進入地下,並連接到淺草方面。在中途的京急蒲田站分為品川方向與橫濱方向,因此可以直接從機場前往橫濱。從國際線航廈站到品川站需時 13 分。

東京單軌電車是在 1964 年東京奧林匹克運動會那年,為了連接羽田機場與東京都心而開業的交通工具。可以在濱松町站轉乘 JR 山手線前往都內的各地。從國際線航廈站到濱松町站需時 13 分。

機場巴士則是除了通往東京都內的主要車站附近,還提供到千葉縣、埼玉縣、神奈川縣等各處的班次,路線很豐富。只要清楚目的地所在,不完轉車即可直達,非常方便。而經由高速公路的巴士有乘客人數限制,必須在搭車前購買車票。售票處就位在 2 樓抵達大廳出來的位置。

🚉 從羽田機場往都內主要場所的交通手段與所需時間(使用特急等最快速的電車、不含轉車時間)、費用

往東京站	①於京急線品川站轉乘 JR 山手線到東京站,約 30 分,580 日圓 ②於東京單軌電車濱松町站轉乘 JR 山手線到東京站,約 25 分,650 日圓 ③搭乘機場巴士到東京站 55 分,930 日圓
往新宿站	①於京急線品川站轉乘 JR 山手線到新宿站約 40 分,610 日圓 ②於東京單軌電車濱松町站轉乘 JR 山手線到新宿站約 45 分,690 日圓 ③搭乘機場巴士到新宿站西口約 55 分,1230 日圓
往池袋站	①於京急線品川站轉乘 JR 山手線到池袋站約 50 分,670 日圓 ②於東京單軌電車濱松町站轉乘 JR 山手線到池袋站約 55 分,750 日圓 ③搭乘機場巴士到池袋站約 70 分,1230 日圓
往上野站	①於京急線品川站轉乘 JR 山手線到上野站約 32 分,610 日圓 ②於東京單軌電車濱松町站轉乘 JR 山手線到上野站約 30 分,660 日圓

照片提供
京急電鉄

■從成田機場出發

成田國際機場有 3 個航廈大樓。長榮航空、全日空在第一航廈，中華航空、日本航空、國泰航空、香草航空、酷航則在第二航廈。兩個航廈的抵達大廳都在 1 樓，鐵路的乘車處在地下 1 樓，機場巴士的乘車處則在 1 樓的航廈大樓。

從成田機場往東京的交通手段有京成線、JR 線和機場巴士，鐵路有多條路線，票價和所需時間也各有不同，可以依目的地及預算作選擇。在第一航廈欲搭乘電車請至地下 1 樓的「成田機場站」，第二航廈則請至地下 1 樓的「機場第 2 大樓站」。

鐵路有 JR 線及京成線，各有多條路線。

往上野⇆日暮里方向的京成線有成田機場線的「京成 Skyliner」或「機場特急」，快又方便。同樣京成線往上野⇆日暮里也有京成本線的「快速特急」，車票較便宜。JR 線則有經由東京站前往品川站、澀谷站、新宿站的特急「Narita Express」，快且方便。雖然需要特急券故票價較高，但是專用的車輛中備有放置行李箱的空間，非常舒適。而與特急相比較花時間，但票價較便宜的是快速（AIRPORT-NARITA）。經由東京站不用轉車直接通往品川、橫濱方向。

往日暮里站京成上野站	①搭乘京成 Skyliner 到日暮里站約 40 分，2470 日圓，到京成上野站約 44 分、2470 日圓 ②於搭乘京成機場特急到日暮里站約 60 分，1240 日圓，到京成上野站約 64 分，1240 日圓 ③搭乘京成快速特急到日暮里站約 75 分，1030 日圓，到京成上野站約 80 分，1030 日圓 ※ 京成上野站與 JR 上野站有步行約 5 分的距離，轉乘 JR 山手線或京濱東北線時請搭到日暮里
往東京站	①搭乘 JR 特急 Narita Express 到東京站約 60 分，3020 日圓 ②搭乘 JR 快速（AIRPORT-NARITA）到東京站約 95 分，1320 日圓 ③搭乘京成 Skyliner 到日暮里站轉乘 JR 山手線或京濱東北線，到東京站約 60 分，2630 日圓 ④搭乘京成快速特急到日暮里站轉乘 JR 山手線或京濱東北線，到東京站約 95 分，1190 日圓 ⑤搭乘機場巴士約 70 分，2800 日圓 ⑥搭乘東京高速巴士 ※ 約 70 分，1000 日圓 ※ 東京高速巴士為專門連接東京站與成田機場的廉價巴士。
往新宿站	①搭乘機場巴士到新宿站西口約 110 分，3100 日圓 ②搭乘京成 Skyliner 到日暮里站轉乘 JR 山手線到新宿站約 70 分，2670 日圓 ③搭乘京成快速特急到日暮里站轉乘 JR 山手線到新宿站約 110 分，1230 日圓 ④乘機場巴士到新宿站西口約 110 分，3100 日圓
往池袋站	①搭乘京成 Skyliner 到日暮里站轉乘 JR 山手線到池袋站約 60 分，2640 日圓 ②搭乘京成快速特急到日暮里站轉乘 JR 京濱東北線到池袋站約 1 時間 40 分，1200 日圓 ③搭乘 JR 快速到東京站轉車到池袋站約 125 分，1490 日圓 ④搭乘機場巴士到池袋站約 175 分，3100 日圓

東京都內的交通

在東京都內使用環狀的 JR 山手線與 2 種地下鐵（東京地鐵與都營地鐵），幾乎就可以走遍全部的觀光景點。使用 IC 卡或一日票，更可以便利的活用鐵路交通。而計程車因為車資高，且東京都內常有塞車，不太建議使用。

在大車站因為有 JR、私鐵、多條地下鐵路共用，車站內部通常很複雜。但大車站內一定會有旅遊中心，可以多加利用。（對應英語，部份對應中文）

■ JR 線

東京站為日本的交通要塞，是新幹線及通往日本各地列車的起點。在同樣軌道上會有各種路線共同使用，而且還有在中途前後車廂分成不同目的地的狀況，網絡相當複雜，是連日本人也會感到迷惑的程度。但是都內和通往附近觀光地的路線有限，以下就選擇觀光客較常利用的路線作介紹。

山手線——在 23 區內以環狀繞行的路線。繞行一圈約需要 1 小時。其中東京站、新宿站、池袋站、澀谷站、上野站為主要大站，上下車乘客較多，觀光客使用頻率較高的則是與成田機場相連的京成線轉車站的日暮里站。

中央線・總武線——東西向貫穿山手線的路線。中央線以東京站為起點，往西通往新宿，貫穿山手線後經過吉祥寺等地通往八王子、高尾。總武線則是向東通往千葉方向的路線。

JR 線路路線圖——JR 在過去稱為日本國有鐵道（國鐵），是分割為 6 個地區公司與 1 間貨物公司的企業總稱，東京周邊到東北地方為「JR東日本（正式名稱：東日本旅客鐵道）」的管轄。東京周邊的鐵道路線圖可以從 JR 東日本的網站下載 pdf 檔案。http://www.JReast.co.jp/map/（日文）（進入繁體字網頁後的路線圖會變成英文表示，因此建議使用日文網頁）

■ 地下鐵

在東京有東京地下鐵（東京 METRO）和都營地下鐵 2 種地下鐵。東京地鐵的起跳車資成人為 170日圓（兒童 90 日圓）、都營地鐵則是成人為 180日圓（兒童 90 日圓）。

IC 卡 PASMO ／ Suica 等

如果計畫在東京都內待上幾天，擁有一張預付式 IC 卡的 PASMO 或 Suica 會方便很多。發行公司雖然不同，但功能幾乎相同，選擇任何一張都可以。不僅是在東京都內，東京周邊的鐵路、地鐵、巴士在上下車時使用自動剪票機就會自動支付車資。在車站內的商店買東西時也可以使用。PASMO 可以在私鐵、地鐵車站購買，最少 1000日圓，Suica 則 JR 車站購買，最少 2000 日圓。兩者都包含 500 日圓的押金，押金在窗口返還 IC卡則時就會退回。因為卡片的有效期限是最後使用日的 10 年內，如果常常到日本旅行，買一張會很方便。當車資不足時，在車站裡的自動售票機可以以 1000 日圓為單位進行儲值。

另有可以在東京地區使用的其他區域 IC 卡，像是 JR 西日本發行的 IC 卡【ICOCA】JR 北海道發行的【Kitaca】等，日本的ＩＣ卡十分多元、方便。

★ 划算的一日乘車票

東京地下鐵／都營地下鐵一日通票

東京的地下鐵有東京地下鐵與都營地下鐵的 2 間公司，共 13 路線，大多都與在東京周邊地區的市營鐵道互相連接。路線雖然很複雜，但習慣之後就會很方便。如果只需搭乘都心的地下鐵，可以購買「東京地下鐵／都營地下鐵一日通票」。從首班到末班可以無限次上下車，票價為成人 900日圓、兒童 450 日圓（東京地下鐵的起跳車資為160 日圓、都營地下鐵為 170 日圓）

東京一日券（東京フリーきっぷ）

可搭乘 JR 線及巴士的一日票券。東京地下鐵、都營地下鐵之外，還可以搭乘東京 23 區內的 JR 線

普通車、日暮里舍人線、都營荒川線、都營巴士。但民營鐵道及民營巴士無法使用。票價成人 1590 日圓、兒童 800 日圓。

★地鐵路線圖
東京地鐵 http://www.tokyometro.jp
東京 METRO 的網站。可以下載繁體字版的地鐵路線圖 pdf 檔。
都營地鐵 http://www.kotsu.metro.tokyo.jp
都營交通機關的網站。可以下載繁體字版的都營地鐵、都營巴士路線圖 pdf 檔。

■計程車與巴士
★計程車
東京都 23 區和武藏野市、三鷹市的計程車車資，是採用時間距離併用制，起跳車資為 1052 公尺內為 410 日圓，之後每 237 公尺加計 80 日圓。一般路面行駛的時速低於 10 公里時，每 1 分 30 秒加收 80 日圓。

深夜（22:00 之後）到清晨（5:00 之前）有夜間加成，夜間加成不是加 2 成計算，而是計程錶跳錶會快 20%，下車時仍是照錶付費即可。
打電話叫計程車或指定時間預約計程車，會外加迎客費 310 日圓。
此外，日本計程車的後方車門是自動門。不論是開門或是關門，計程車司機都會為客人服務。在搭計程車時，只需要靠近車門，等車門打開後就直接上車，不需要自己去拉關車門！

★巴士
東京都內有都營巴士及民營巴士。東京都區內為統一的車資，都營巴士（都巴士）為成人 210 日圓、兒童 100 日圓，民營巴士則是成人 220 日圓、兒童 110 日圓。幾乎都是「上車先投票」，也就是說從車輛前方車門上車，從後方車門下車，車資是在搭車時先支付。車資可以用現金或 PASMO/Suica 等 IC 卡支付。

■前往東京近郊各景點的交通方式
★江之島
東京站搭乘開往熱海的 JR 東海道本線快速アクティー到藤澤站，轉乘江之島電鐵往鎌倉的班次，江之島站下車。全程約 1 小時 10 ～ 20 分。

★江之島電鐵
東京站搭乘開往熱海的 JR 東海道本線快速アクティー到藤澤站；小田急新宿站搭乘小田原線快速急行往片瀨江ノ島班車到小田急藤澤站；東京站搭乘 JR 橫須賀線往逗子班車到鎌倉站。以上各站均可轉乘。

★橫濱麵包超人博物館
東京站搭乘開往橫濱方向的 JR 東海道本線列車，橫濱站下車轉乘港未來線在新高島站下車步行約 7 分。

★川崎市藤子‧F‧不二雄美術館
新宿的小田急新宿站搭乘小田原線急行列車，在小田急登戶站下車後轉乘川崎市巴士直達「川崎市藤子‧F‧不二雄ミュージアム」。

★橫濱八景島海島樂園
品川站（山手線各站均可到）搭乘往京急久里濱站的京急本線快特列車到金澤八景站，轉乘 Seaside Line 在八景島站下車。

★富士急樂園
東京站外堀通上鐵鋼大樓前搭乘往河口湖的東京－河口湖線高速巴士，富士急ハイランド站下車，全程約 2 小時。

★高尾山
新宿站搭乘往高尾山口的京王線準特急列車，約 1 小時可到。

★三鷹之森吉卜力美術館
東京站、新宿站等搭乘中央線特快列車在 JR 三鷹站下車，沿著「風之散步道」步行約 900 公尺，或搭乘接駁小巴士約 5 分。

外國人適用的免稅制度與手續

在日本旅行的外國人購物時，有可以免去消費稅的制度。但這個制度必須符合一定的條件和進行規定的手續。

◆ 免稅的條件

①商店必須是經許可的消費者免稅店
②免稅對象為旅行者等的「非居住者」
③免稅對象限下列物品
　★須是個人消費之日常生活用品（銷售用／商用購入時非免稅對象）
　★一般物品（家電、裝飾品、手錶、衣物類、鞋子、包包、雜貨等）須在同一商店購買1萬日圓以上（正確應是5000日圓？）
　★消耗品（食品類、飲料類、香菸、藥品類、化粧品類等）須在同一商店購買5000日圓以上、50萬日圓以下。
　★一般物品須在進入日本後6個月內攜出日本國外。
　★消耗品在購買日起30日內，以未開封的狀態攜出日本國外。

◆ 稅率

日本的消費稅率為8％，退稅率亦為8％，因此消費稅會全額退稅，部份店舖會收取退稅手續費。

◆ 手續

免稅手續必須在購買的商店且在購買當天進行。不同商店的商品合計、或當天之前購買的商品，皆無法進行退稅手續。
以免稅購買時必須在商店提示護照供確認。由店家會將購買記錄黏貼在護照上，在出國時再將購買記錄交給海關。請注意不要撕下或遺失購買記錄。

◆ 免稅店的標誌

免稅店在店頭會貼有這張貼紙。

匯兌與 ATM

◇ 匯兌

在日本的主要銀行的外幣匯兌專門店、高級旅館、部份商店可以進行匯兌。如果需要匯兌，建議在機場內的櫃台先完成。因為進入市區後，可供匯兌的店舖數不多，營業時間也有限制，非常不方便。不過在日本匯兌的匯率並不理想，因此建議在飯店或大量購買時，若可使用信用卡就盡可能使用信用付支付。外幣匯兌專門店舖請參照下列的網頁（皆為日文／英文）。

ワールドカレンシーショップ（http://www.tokyo-card.co.jp/wcs/）
三井住友銀行外貨両替コーナー（http://www.smbc.co.jp/kojin/sonota/ryougae/）
みずほ銀行外貨両替ショップ（http://www.mizuhobank.co.jp/tenpoinfo/gaika_ryogae/index.html）
Travelex（http://www.travelex.co.jp/）

◇ ATM

旅行中最方便的是使用信用卡在ATM提領日圓。只要擁有PLUS或Cirrus標誌的提款卡，在日本的郵局ATM、7-11店舖內的SEVEN銀行的ATM、Citibank或新生銀行的部份ATM可以提領日圓，而因為7-11的店舖最多，有不少外國人使用。

◇信用卡

美國運通、VISA、大來、萬士達、銀聯卡等國際性信用卡，在飯店、旅館、百貨公司、大型商店、計程車等皆可使用，可盡量積極使用。而小規模的商店通常不接受信用卡，因此還是要隨身攜帶日圓的現金。

Wi-Fi 服務

在日本國內免費的公用無線 LAN（Wi-Fi 網絡）的建構仍未完善，因此並不算非常普級，而在車站、機場、飯店、咖啡廳、演藝廳等公共設施的連線區域現在正慢慢擴大。有不需事先登錄即可使用的服務，也有第一次使用需進行登錄的服務，因為各個業者或鐵路公司提供的服務不同，事先下載可以登錄一次即可使用複數個免費 Wi-Fi 服務的 APP 最為方便。推薦給外國旅客的有以下 2 款 APP。（對應繁體字）

◆ Japan Connected-Free Wi-Fi
在日本各地的機場、車站、商業施設、便利商店等都市內可使用。http://www.ntt-bp.net/jcfw/ja.html

◆ TRAVEL JAPAN Wi-Fi
免費連接全國 20 萬處 Wi-Fi 熱點，適合訪日外國人的 APP。http://wi2.co.jp/jp/solution/traveljapanwifi/
飯店大部份皆可使用 Wi-Fi，若需要密碼時請向櫃台詢問。

習慣與禮儀

◇交通規則

日本道路的車輛為靠左側通行，與台灣相反，須特別注意。尤其是過馬路時要特別注意右方的來車。在平交道時也要特別注意左轉的大型車。
有班馬線的寬敞道路，則務必走班馬線。在日本有貫徹「步行者優先」的理念，當班馬線上有步行者時，汽車就必須停下來禮讓步行者。但在非班馬線處橫斷馬路非常危險，切記不要嘗試。

◇女性專用車輛

指的是由 JR、私鐵各公司等鐵路機關所提供原則上只有女性才能搭乘的車廂。這是為了保護女性在擁擠的車廂內免於色狼等的性犯罪而設置，每個路線的車廂位置時間帶各有不同，通常在早上·尖峰時段（例如上午 7:30 ～ 9:30）時，最前面或最後面的車輛大多會是女性專用車輛。

◇吸煙

與台灣相比，在日本對於吸煙的限制較少，但在交通機關的車站內是禁煙的。飯店、辦公大大樓、餐飲店等越來越多改為禁煙，或是設置吸煙室。也有禁止邊走邊吸煙的路段，或禁止在公園等公共場所的吸煙、隨意丟棄煙蒂。因此吸煙時請到指定的地方。

◇飯店

日本的飯店客房可以吸煙，因此有很多飯店提供吸煙房。希望是禁煙房時，必須在訂房時告知飯店需求。但有些餐廳和咖啡廳可以抽煙，可以在進入時先確認。
東京的空氣大多比台灣乾燥。尤其是冬天的空氣特別乾燥。大部份的飯店都會提供加溼器出借，當晚上睡覺時覺得乾燥時，可以向櫃台借加溼器。

◇手扶梯

在東京如車站等人潮較多的地方，基本上與台灣的習慣相反是站在手扶梯的左側，為急於通行的人空出右側。（左右側並未明確規定，基本上大阪則是站在右側，空出右側。）

◇餐飲店

在日本幾乎全部的餐飲店舖都禁止攜帶外食。最好不要在餐廳內食用自行攜帶水果或零食。若保特瓶及水壺擺出來也可能會被店家提醒要收起來。

點菜時原則上1人最少要點1道，日本沒有2個人分食1道或3個人分食2道料理的習慣，因此請盡量點和人數一樣的料理數。

◇邊走邊吃
可能日本沒有像台灣的夜市的文化，在日本有不少人認為邊走邊吃是不得體的行為。因此可以邊走邊吃的地方大概是祭典或活動的會場內，平常很少人會在街道上邊走邊吃。而手上拿著食物進到店家裡也可能會弄髒商品，因此不要邊吃著東西進入商店裡。

◇車內的飲食與行動電話
日本的鐵路的車站及車廂和台灣一樣是禁止吸煙的，但是並未像台灣的捷運一樣禁止飲食。因此在車站或車廂內喝保特瓶或水壺的水，或是吃零食、嚼口香糖也是可以的。部份車站在月台上還會有立食形態的蕎麥麵店，對有早餐需求的上班族來說是很方便的存在。
而需要特別注意的是行動電話的使用方法。在車廂內講電話是屬於違反禮儀的。在車廂內須將行動電話轉為震動模式，不得發出聲響。可以傳簡訊，但通話須等到下車後，有以上行動電話的使用規則。

◇飲水
在東京的自來水可以直接作為飲水使用。東京都自來水局甚至還作了「東京的自來水很好喝」的宣傳。只是自來水因為經過消毒會而含有微量的氯，如果在意氯的味道的話，可以將水放置一個晚上或是煮開後再喝，氯揮發掉後就會變得較易入口。

◇洗手間
東京的飯店及公共設施等的洗手間幾乎都是座式馬桶。到最近免治馬桶越來越普遍，除了衛生且舒適的理由外，

也因為減少衛生紙的使用量，減輕排水管及下水道的負擔。日本的衛生紙為水溶性，可以直接丟到馬桶內。但一次丟進太多衛生紙可能會造成阻塞，要特別注意。當然，除了衛生紙之外的衛生用品等不得丟進馬桶內。

從日本寄信與行李

從日本寄往台灣的主要航空郵件費用如下（括號內為所需天數）。

名信片（3g）70日圓（4日）
信件（25g、定形）90日圓（4日）
信件（25g、定形外）220日圓（4日）
EMS國際快捷郵件（300g以下）
　　900日圓（2日）
EMS國際快捷郵件（600g以下）
　　1100日圓（2日）

＊以下為同樣重量的費用比較＊

1kg
EMS國際快捷郵件1800日圓（2日）
小型包裝物1450日圓（6日）
國際小包2050日圓（6日）

2kg
EMS國際快捷郵件2000日圓（2日）
小型包裝物2150日圓（6日）
※2kg以下的話小型包裝物較便宜
國際小包2750日圓（6日）

5kg
EMS國際快捷郵件6000日圓（2日）
國際小包4850日圓（6日）
※船運為2500日圓（2～3星期）

一般的郵局營業時間為9：00～17：00（週六日、國定假日為休假）、本局則是平日9：00～21：00、週六日、國定假日9：00～19：00。

送給日本人的伴手禮

要帶伴手禮給住在日本的朋友時，總會不知道帶什麼比較好。以下就列舉日本人會喜歡的幾樣東西。

◆茶葉

台灣茶，尤其是香氣較佳的烏龍茶特別受歡迎。如果對方喜歡喝茶就選擇名店的高山茶等的高級烏龍茶，如果對方對茶並不是那麼講究，則可選擇包裝漂亮、方便的茶包。

◆糕點

日本最有人氣的台灣糕點是鳳梨酥，會比月餅類的傳統糕點更受歡迎。如果需要分送給較多人的話，也建議送牛軋糖。

◆水果乾

台灣水果產量豐富，是很有台灣風格的伴手禮。如果可以選擇有機栽培或無化學物質的商品會更受歡迎。可選擇像是芒果、楊桃、芭樂等在日本難以購得的水果。

memo

【人人趣旅行】

親子遊東京 & 東京近郊

作者	海風公司
翻譯	張嫚真
特約編輯	眠魚
書籍裝幀	許耀耀
發行人	周元白
出版者	人人出版股份有限公司
地址	23145 台北縣新店市寶橋路 235 巷 6 弄 6 號 7 樓
電話	(02)2918-3366（代表號）
傳真	(02)2914-0000
網址	http://www.jjp.com.tw
郵政劃撥帳號	16402311 人人出版股份有限公司
製版印刷	長城製版印刷股份有限公司
電話	（02）2918-3366（代表號）
經銷商	聯合發行股份有限公司
電話	（02）2917-8022

第一版第一刷　　2017 年 9 月
第一版第二刷　　2019 年 3 月

定價　　新台幣 280 元

● 版權所有 ・ 翻印必究 ●

國家圖書館出版品預行編目（CIP）資料

親子遊東京 & 東京近郊 / 海風公司 .
-- 第一版 . -- 新北市 : 人人出版 , 2017.09
　　面；　公分
　ISBN 978-986-461-121-8(平裝)

1. 自助旅行 2. 親子 3. 日本東京都

731.72609　　　　106012190

Find us on
人人出版・人人的伴旅

人人出版好本事
提供旅遊小常識＆最新出版訊息
回答問卷還有送小贈品
部落格網址 : http://www.jjp.com.tw/jenjenblog/